JN168626

せかいのすごい「英雄《えいゆう》」15人《にん》のわくわくストーリー

ぼうけん
けっとう
ふしぎ

宝島英雄研究会《たからじまえいゆうけんきゅうかい》

宝島社

もくじ

STAFF

本文執筆 — 丸山千夏
装　　丁 — 山根一晃（003GRAPHIX）
イラスト — 下谷京門
D　T　P — 山本秀一・山本深雪（G-clef）
編　　集 — 櫻井智美（宝島社）

英雄《えいゆう》.1

織田信長《おだのぶなが》

天下《てんか》とう一《いつ》をゆめ見て、
せんらんのよの中をかけぬけた、
せん国《ごく》のヒーロー

今《いま》から五百年ほど前《まえ》、日本は、たくさんの小さな国《くに》にわかれていました。それぞれの国《くに》に、「せん国大名《ごくだいみょう》」とよばれるリーダーがいて、なわばりをうばいあってたたかっていたのです。日本のれきしの中では、このころのことを「せん国時《ごくじ》だい」とよんでいます。

織田信長《おだのぶなが》も、こうした小さな国《くに》ぐにのひとつをおさめる、「せん国大名《ごくだいみょう》」のひとりでした。せん国大名《ごくだいみょう》たちは、なかのよい国《くに》とは、子どもどうしをけっこんさせてしんせきになったり、なかのわるい国《くに》にはせんそ

織田信長

うをしかけたりして、国《くに》を大きくしていったのです。

信長《のぶなが》が生まれたのは、尾張国《おわりのくに》という、今《いま》の愛知県《あいちけん》の名古屋《なごや》あたりにあった小さな国《くに》でした。子どものころの信長《のぶなが》は、おさむらいさんのむすこでありながら、きんじょの子どもたちといっしょになって、カキを食《た》べながら歩《ある》きまわる、ぎょうぎのわるい子どもだったので、おとなたちからは「うつけもの」と、あきれられていました。「うつけもの」というのは今《いま》のことばで「バカもの」というようないみです。信長《のぶなが》には、信行《のぶゆき》という二つ年下の弟《おとうと》がいましたが、この信行《のぶゆき》のほうが、ずっとれいぎ正しくて、せん国大名《ごくだいみょう》のあととりにふさわしいと言《い》われていたそうです。しかし、「うつけもの」でも信長《のぶなが》のほうがお兄《にい》さんですから、ふたりが小さなころから、あととりは信長《のぶなが》ときまっていました。

このころ、織田家《おだけ》のおしろには、松平家《まつだいらけ》から、竹千代《たけちよ》という名の少年《しょうねん》があずけられていました。信長《のぶなが》は、九才《さい》年下の竹千代少年《たけちよしょうねん》をとてもかわいがり、ふたりの友《ゆう》じょうはおとなになってもつづくことになります。

織田信長

この竹千代少年《たけちよしょうねん》こそ、のちの徳川家康《とくがわいえやす》でした。

信長《のぶなが》が十八才《さい》のとき、せん国大名《ごくだいみょう》だったお父《とう》さんがなくなり、信長《のぶなが》は父《ちち》ののこした国《くに》をうけつぐことになりました。ところが、まわりのおとなの中には、信長《のぶなが》をおいはらって、弟《おとうと》の信行《のぶゆき》に国《くに》をつがせようとするものたちがいたのです。そのために、信長《のぶなが》と信行《のぶゆき》のきょうだいは、六年《ねん》かんにわたってせんそうをつづけ、とうとう信長《のぶなが》は弟《おとうと》をころさなければなりませんでした。

このように、信長《のぶなが》が生きていたころの日本では、たとえ、おや子や、きょうだいでも、せんそうをしたり、ときには、ころしあわなければいけないことがありました。しかし信長《のぶなが》は、おさななじみの家康《いえやす》と力をあわせて、国《くに》を大きくしていきます。おひゃくしょうさんのむすこだった豊臣秀吉《とよとみひでよし》や、はじめはてきだった明智《あけち》光秀《みつひで》など、ゆうしゅうなら、だれでも、じゅうようなやくわりにつけたのも、信長《のぶなが》の軍《ぐん》のつよさのひみつと言《い》われています。

信長《のぶなが》はまた、外国《がいこく》から、鉄《てっ》ぽうなどのぶきを買《か》い、

へいたいたちに、つかいかたをれんしゅうさせました。このころ、鉄《てっ》ぽうは、まだ、とてもめずらしいぶきでしたが、信長《のぶなが》の軍《ぐん》は、よくくんれんをして、どんどんつよくなっていったのです。

信長《のぶなが》と家康《いえやす》のさいだいのてきは、今《いま》の山梨県《やまなしけん》にある甲斐国《かいのくに》の武田信玄《たけだしんげん》です。信長《のぶなが》と家康《いえやす》は、信玄《しんげん》とのあいだで、なんどもかったり、まけたりをくりかえしました。その信玄《しんげん》がびょうきでなくなると、かわってむすこの勝頼《かつより》が、家康《いえやす》のなわばりである三河《みかわ》の長篠城《ながしのじょう》にせめこんできます。しかし、一万《まん》五千人の武田軍《たけだぐん》にたいして、信長《のぶなが》・家康軍《いえやすぐん》三万《まん》八千人が、なんと、三千丁《ちょう》もの鉄《てっ》ぽうをもってかけつけてきました。そして、「三段《だん》うち」とよばれるさいしんのせんじゅつで、たちまち武田軍《たけだぐん》をかいめつさせてしまったのです。

いよいよ天下とう一《いっ》のゆめが近《ちか》づいてきます。信長《のぶなが》のゆめは、日本をひとつの国《くに》にして、せんそうをなくすことでした。天下とう一《いっ》をなしとげれば、きっと日本にへいわがおとずれると、信長《のぶなが》はしんじていたので

す。

しかし、そのゆめはとつぜん、長年《ながねん》、けらいとしてかわいがってきた明智光秀《あけちみつひで》のうらぎりで、やぶられてしまいました。一万《まん》三千人の軍《ぐん》をつれて豊臣秀吉《とよとみひでよし》のおうえんにむかったはずの光秀《みつひで》が、とちゅうでむきをかえ、信長《のぶなが》のいた京都《きょうと》の本能寺《ほんのうじ》にせめこんできたのです。信長《のぶなが》は百人ほどのけらいたちと、さいごまでていこうしましたが。しかし、とうとうおいつめられ、もえあがる本能寺《ほんのうじ》で自《じ》さつしたのです。四十九才《さい》でした。

十三日ご、豊臣秀吉《とよとみひでよし》が信長《のぶなが》のかたきをうって、明智《あけち》光秀《みつひで》をたおしました。光秀《みつひで》の天下はわずか十三日かんでおわったことから「三日《みっか》天下」とよばれています。

それから二十一年ご、信長《のぶなが》の長年《ながねん》のゆめであった天下とう一《いっ》をはたしたのは、子どものころから、信長《のぶなが》にかわいがられてきた、しん友《ゆう》の徳川家康《とくがわいえやす》でした。そして、家康《いえやす》がついに天下をとう一《いっ》すると、日本では、二百六十年いじょうにもわたって、へいわな時《じ》だいが長《なが》くつづくことになったのです。

英《えい》雄《ゆう》.2

宮《みや》本《もと》武《む》蔵《さし》

六回《かい》のせんそうにさんかし、
六十回《かい》のけっとうにしょうりした、
二《に》刀流《とうりゅう》の天才《てんさい》

瀬戸内海《せとないかい》のはずれ、本州《ほんしゅう》と九州《きゅうしゅう》のあいだにある小さなしま、巌流島《がんりゅうじま》。春《はる》のおだやかな日ざしをあびて、佐々木小次郎《ささきこじろう》は、いらいらと、海《うみ》のむこうを見ていました。八時《はちじ》にあらわれるはずのけっとうあいて、宮本《みやもと》武蔵《むさし》が、二時《にじ》かんすぎても、まだあらわれないのです。

さては、武蔵《むさし》のやつ、この小次郎《こじろう》をおそれて、にげ出したのかもしれない……。そう思《おも》った小次郎《こじろう》が、かえりの船《ふね》を出そうとしたとき、なみのむこうから、一そうの小船《ぶね》が、近《ちか》づいてくるのが見えました。のって

いるのは、宮本武蔵《みやもとむさし》。手には、船《ふね》のオールをけずって
つくった、そまつな木刀《ぼくとう》を一本、もっています。
「来《き》たな、武蔵《むさし》！」
武蔵《むさし》をむかえた小次郎《こじろう》は、こしにさしてあった長《なが》い
刀《かたな》をぬくと、いきおいよく、さやをなげすてました。
「はっはっはっ。佐々木小次郎《ささきこじろう》、おぬしのまけだ！」
小次郎《こじろう》がさやをなげすてるのを見て、武蔵《むさし》がわらい
ます。
「な……なんだと？」

「さやをすてたということは、その刀《かたな》が、二どとさやにはもどらないということだ！　つまり、おぬしはまけをみとめたのだ」

「なにっ！」

こんなわかぞうに、言《い》われたままではたまりません。小次郎《こじろう》は刀《かたな》を手に、ぐいぐいと武蔵《むさし》をせめていき、とうとう、海《かい》がんのはしまでおいつめました。武蔵《むさし》には、もう、にげばがありません。

「やあっ！」

小次郎《こじろう》の刀《かたな》が、いきおいよく武蔵《むさし》のあたまにふりおろされます。その刀《かたな》は、武蔵《むさし》をまっぷたつに切《き》りさいたかのように見えました。ところが、つぎのしゅんかん、武蔵《むさし》のからだが空からおりてきて、小次郎《こじろう》のまうしろから、あたまの上に、思《おも》いっきり木刀《ぼくとう》をうちおろしたのです。

ガツン！　と、にぶい音がして、佐々木小次郎《ささきこじろう》はたおれました。武蔵《むさし》のいちげきを、のうてんにくらったた小次郎《こじろう》は、そのまま、うごかなくなってしまいます。

まわりから、小次郎《こじろう》のでしたちがかけよってきました。武蔵《むさし》は、手についたすなぼこりをかるくはらうと、口ぶえをふきながら船《ふね》にのり、今来《いまき》た海《うみ》へとさっていってしまいました。

これが、ゆうめいな「巌流島《がんりゅうじま》のけっとう」です。このとき、武蔵《むさし》は二十九才《さい》。日本のれきしでナンバーワンの、けんじゅつのたつじん、宮本武蔵《みやもとむさし》とは、いったいどんな人ぶつだったのでしょうか。

宮本武蔵《みやもとむさし》が生まれたのは、今《いま》から四百三十年ほど前《まえ》の一五八四年、播磨国《はりまのくに》（今《いま》の兵庫県《ひょうごけん》）から、美作国《みまさかのくに》（岡山県《おかやまけん》）のあたりと言《い》われています。お父《とう》さんもまた、ゆうめいな、けんじゅつつかいでした。この、お父《とう》さんのもとで、武蔵《むさし》も小さなころからけんじゅつをならい、十三才《さい》のころには、おとなの名人をうちまかすほど、うでをあげていたと言《い》われています。

武蔵《むさし》がそだったころの日本は、せん国時《ごくじ》だいといって、日本じゅうが、小さな国《くに》ぐににわかれ、いつもせんそうをくりかえしていました。武蔵《むさし》も十五才《さい》になると、「関《せき》が原《はら》のたたかい」と言《い》われる、大きなせんそうに、へいたいとしてさんかします。このころの日本では、十五才《さい》はりっぱなおとなだったのです。

武蔵《むさし》は、いつのころからか、二天流《にてんりゅう》（二刀流《にとうりゅう》）といって、りょうほうの手に一本ずつの刀《かたな》をもち、たたかうわざでもゆうめいになりました。ふつうのけんじゅつでは、りょう手で一本の刀《かたな》をにぎるのですが、武蔵《むさし》のばあいには、刀《かたな》をにぎる力が、どちらも、とてもつよかったので、りょうほうの手に一本ずつ、二本の刀《かたな》を

にぎることができたのです。

こうして、けんじゅつのうでをみがいた武蔵《むさし》は、生きているあいだに、六つの大きなせんそうにさんかし、六十回《かい》のけっとうをおこないました。そして、どのけっとうでも、いちどもまけることはありませんでした。

せん国時《ごくじ》だいがおわって、へいわな時《じ》だいがおとずれると、武蔵《むさし》のような、けんじゅつつかいの出ばんは、あまりなくなってしまいました。武蔵《むさし》は九州《きゅうしゅう》の熊本《くまもと》で、おとのさまのようじんぼうとしてはたらきながら、絵《え》をかいたり、けんじゅつをおしえたりして、しずかなろうごをおくったと言《い》われています。

また、武蔵《むさし》と小次郎《こじろう》がたたかった「巌流島《がんりゅうじま》」は、今《いま》でも瀬戸内海《せとないかい》のかたすみにあり、すなはまには、武蔵《むさし》と小次郎《こじろう》のどうぞうが、たたかいのようすをそのまま今《いま》につたえています。

英《えい》雄《ゆう》.3

トーマス・エジソン

ひらめきとくふうとチャレンジで、せかいじゅうの人びとのくらしをべんりにした、はつめい王

みなさんは、電気《でんき》のないくらしというものを、そうぞうしてみたことがあるでしょうか。

トーマス・エジソンが生まれたころには、電気《でんき》はまだ、ふつうの家《か》ていにはとどいていませんでした。夜《よる》になって日がしずんだら、みんな、ロウソクやランプの明《あ》かりをたよりに、しずかにくらしていたのです。

トーマス・アルバ・エジソンは一八四七年、アメリカがっしゅう国《こく》の北東《ほくとう》ぶにあるオハイオ州《しゅう》のミランという町で生まれました。少年時《しょうねんじ》だいのエジソンは、何《なん》でもくわしく知《し》りたがっては、しつもんをくりかえし、まわりのおとなたちをこまらせていたそうです。

エジソンは小さいとき、おもいびょうきにかかったので、ほかの子どもたちよりもおくれて、八才半《さいはん》で小学校に入学しました。ところがエジソンは、きそくのきびしい学校になじめず、三カ月で学校に行《い》かなくなってしまいます。そして、それからは、家《いえ》で本を読《よ》んでべんきょうしました。この、本を読《よ》んで自分《じぶん》でべんきょうをするしゅうかんが、おとなになってからも、エジソンのはつめいをささえることになります。

エジソンは十二才《さい》になると、きんじょにできた鉄道《てつどう》で、もの売《う》りとしてはたらきはじめました。まいにち電車《でんしゃ》にのって、おきゃくさんたちに、新聞《しんぶん》やおかしを売《う》り歩《ある》くのです。このしごとでエジソンは、おとなよりもたくさんのお金をかせぐようになり、じっけんにひつような、どうぐやざいりょうが買《か》えるようになりました。エジソンは電気《でんき》のことを書《か》いた本を買《か》い、さまざまなじっけんをくりかえして、電気《でんき》について学んでいきます。そんなエジソンを、駅長《えきちょう》さんがとてもかわいがってくれて、エジソンに、つうしんきのつかいかたをおしえてくれました。エジソンは小さいころにかかったびょうきのせいで、耳がほとんど聞《き》こえなくなってしまいましたが、十五才《さい》になるころには、すっかり一人前《いちにんまえ》のつうしんぎしになっていました。

エジソンは、鉄道《てつどう》ではたらきながら、さらに電気《でんき》やきかいについてべんきょうし、二十一才《さい》のとき、「電《でん》気式投票記録機《きしきとうひょうきろくき》」というきかいをはつめいしました。

トーマス・エジソン

これは、何《なに》かをきめるとき、みんなが目の前《まえ》にあるボタンをおすだけで、さんせい・はんたいのどちらがおおいかを知《し》らせてくれるというものでした。

ところが、このきかいをエジソンが売《う》りに行《い》くと、えらい人たちは、わらって、あいてにしてくれません。

「そんなきかいがあったら、そうだんしながらとうひょうすることができなくなってしまうじゃないか」

エジソンのさいしょのはつめいは、こうして、むだになってしまいました。

しかし、エジソンはまったくくじけません。こんどは「株式相場表示機《かぶしきそうばひょうじき》」という、会社《かいしゃ》のしごとをべんりにするきかいをつくって、ニューヨークまで売《う》りに行《い》くことにしました。ニューヨークには、会社《かいしゃ》がたくさんあるので、きっとだれかがエジソンの「株式相場表《かぶしきそうばひょう》示機《じき》」を高《たか》いねだんで買《か》ってくれると思《おも》ったのです。

けっかは、大あたりでした。とある大きな会社《かいしゃ》が、エジソンのつくったきかいを、四万《まん》ドル（今の日本のお金でやく四億《おく》円）で買《か》ってくれたのです。エジソンは大金もちになりました。そして、このお金で、はつめいのための会社《かいしゃ》をつくり、たくさんの人をやといいれて、せかいをもっともっとべんりにするためのはつめいに力をそそいだのです。

エジソンのはつめいしたものの中で、もっともゆうめいなものは、白熱電球《はくねつでんきゅう》でしょう。白熱電球《はくねつでんきゅう》によって、人びとは日がしずんだあとになっても、明《あか》るいへやで本を読《よ》んだり、手がみを書《か》いたりすることができるようになりました。

そして、エジソンのはつめいした「ちく音機《おんき》」で、人びとは自分《じぶん》の家《いえ》で、ゆうめいな歌手《かしゅ》の歌《うた》や、えんそうをきくことができるようになったのです。

また、エジソンは映画《えいが》のしくみのもとになる、キネトスコープというきかいをつくりました。小さなはこの中で絵《え》がうごくというこのはつめいが、のちに映画《えいが》としてはってんしていくことになります。

エジソンは八十四才《さい》でなくなるまで、一日十六時《じ》かん、休まずにはたらきつづけ、その生がいで、千をこ

トーマス・エジソン

えるはつめいをのこしたと言《い》われています。

一九三一年にエジソンがその生がいをおえると、アメリカじゅうの人びとが、一分《ぷん》かん、すべての電気《でんき》をとめて、エジソンのためにいのりをささげました。そのとき、人びとはエジソンのいだいさに、あらためて気がついたのです。それまでだれも知《し》らなかった電気《でんき》のべんりさ。明《あ》かりや、おんがくや、映画《えいが》のあるくらし。エジソンがのこしてくれたものは、げんざいでも、人びとのくらしに生かされています。

英《えい》雄《ゆう》.4

ルートヴィヒ・ヴァン・ベートーヴェン

つらいうんめいとたたかいながら、
たくさんの名曲《めいきょく》をのこした
耳のふじゆうな天《てん》才《さい》音《おん》がく家《か》

ベートーヴェンの名前《なまえ》は知《し》らなくても、「うんめい」や、「エリーゼのために」などのだいひょう作《さく》は、みなさんも、きっと聞《き》いたことがあるでしょう。ベートーヴェンは、バッハや、モーツァルトなどとならんで、せかいじゅうでもっともゆうめいな、おんがく家《か》のひとりです。

ルートヴィヒ・ヴァン・ベートーヴェンは、一七七〇年、今《いま》のドイツにある、ボンという町で生まれました。お父《とう》さんも、もともとはおんがく家《か》だったのですが、おさけがすきで、いつもよっぱらってばかりいたので、一家《いっか》はとてもびんぼうでした。そのころ、ヨーロッパでは、十四才《さい》のモーツァルトが、天才少年《てんさいしょうねん》として大にんきになっていたので、お父《とう》さんは、ベートーヴェンにも、モーツァルトのように、ゆうめいになってもらいたいと思《おも》っていました。むすこが、ゆうめいなおんがく家《か》になってくれたら、自分《じぶん》もお金もちになれると思《おも》ったのです。

「この、なまけものめ！　そんなことで、ゆうめいなおんがく家《か》になれると思《おも》うのか！」

　お父《とう》さんは、夜《よる》おそく、よっぱらって家《いえ》に帰《かえ》ってきては、ねむっているベートーヴェンをベッドから引《ひ》きずり出しました。そして、ピアノのおいてあるへやにとじこめ、朝《あさ》までれんしゅうをさせたのです。そんなベートーヴェンを、いつも、お母《かあ》さんだけが、やさしくはげましてくれました。

　十六才《さい》になったベートーヴェンは、おんがく学校にかようために、ウィーンに行《い》くことになりました。と

ころが、ちょうどそのころ、お母《かあ》さんがおもいびょうきでたおれてしまったので、ベートーヴェンは、すぐ、ボンにもどらなければなりませんでした。お母《かあ》さんがなくなると、こんどはお父《とう》さんがびょうきになってしまい、ベートーヴェンは、家《か》ぞくのために、朝《あさ》早くから、夜《よる》おそくまで、はたらかなければなりませんでした。しかし、二十二才《さい》のとき、ゆうめいなおんがく家《か》のハイドンにみとめられ、ベートーヴェンは、とうとう、ウィーンに行《い》けることになったのです。

「おんがくのみやこ」と言《い》われるウィーンには、たくさんのおんがく家《か》があつまっていましたが、ベートーヴェンは、ピアノがとてもうまかったので、ウィーンでも、たちまちゆうめいになりました。

ところが、ようやくおんがく家《か》としてにんきが出てきたベートーヴェンに、またしても、ふこうがおそいかかります。おんがく家《か》としていちばん大切《たいせつ》な耳が、だんだん聞《き》こえなくなってきてしまったのです。耳が聞《き》こえなければ、おんがくをつくることができません。

ベートーヴェンは、何人《なんにん》もの、ゆうめいなおいしゃさんをたずねて、耳をしらべてもらいました。しかし、げんいんも、ちりょうほうほうもわかりません。

ベートーヴェンは、くるしみました。小さなころから、すべてをぎせいにして、おんがくだけをがんばってきたのです。おんがくができなくなってしまったら、もう、生きていてもしかたがありません。

しかし、ベートーヴェンは、このつらいうんめいに、立ちむかおうとけっしんします。そして、その人生で

ルートヴィヒ・ヴァン・ベートーヴェン

いちばんゆうめいな曲《きょく》、「うんめい」を書《か》きあげました。たとえ耳が聞《き》こえなくなっても、神《かみ》さまは、ベートーヴェンからおんがくをとりあげることだけはできなかったのです。

それから十年ほどのあいだ、ベートーヴェンは、自《じ》分《ぶん》のために、とくべつにつくってもらった、聞《き》こえやすいピアノをつかって、人びとがびっくりするような、すばらしい曲《きょく》を、つくりあげていきました。

四十才《さい》をすぎるころには、ベートーヴェンの耳は、まったく聞《き》こえなくなってしまいました。自分《じぶん》じしんや、家《か》ぞくの、お金や、けんこうのもんだいなど、ベートーヴェンのなやみはますますふえていきましたが、ベートーヴェンは、つらい人生にさからうかのように、ますますおんがくにうちこんでいったのです。

ベートーヴェンが、五十四才《さい》で書《か》きあげた、さいごの交《こう》きょう曲《きょく》「だい九《く》」には、ゆうめいな「よろこびの歌《うた》」という曲《きょく》がふくまれています。しかし、耳の聞《き》こえなくなっていたベートーヴェンは、いちども、この曲《きょく》を自分《じぶん》の耳で聞《き》くことはありませんでした。

三年ご、ベートーヴェンがなくなると、おそうしきには、ウィーンじゅうから、二万《まん》人もの人びとがあつまってきたそうです。

そして、なくなってから百八十年いじょうがすぎた今《いま》でも、まい年、おおみそかになると、せかいじゅうのあちこちで、「だい九《く》」のコンサートがひらかれています。ベートーヴェンのおんがくは、今《いま》でも人びとの心《こころ》の中で、生きつづけているのです。

英《えい》雄《ゆう》.5

坂《さか》本《もと》竜《りょう》馬《ま》

大きなせかいを見てまわりたい。
あたらしい時《じ》だいをおいかけて、
走《はし》りつづけたばくまつのヒーロー

みなさんは、「ばくまつ」ということばを聞《き》いたことがありますか？

今《いま》から百五十年ほど前《まえ》まで、日本は、徳川家《とくがわけ》といういちぞくのしょうぐんがしはいする、江戸時《えどじ》だいがつづいていました。この、しょうぐんがつくる、せいじのちゅうしんが「徳川《とくがわ》ばくふ」です。「ばくまつ」とは、この「徳川《とくがわ》ばくふ」がなくなって、江戸時《えどじ》だいがおわろうとしていたころのことを言います。

江戸時《えどじ》だいの日本では、外国《がいこく》とのおつきあいは、すべて、きんしされていました。徳川《とくがわ》ばくふは、外国《がいこく》から人やものがはいってくると、日本のへいわがみだされると思《おも》っていたのです。

しかし、日本人の中には、そろそろ外国《がいこく》とのおつきあいをはじめて、外国《がいこく》からものを買《か》ったり、広《ひろ》いせかいを見に行《い》ったりしたいと考《かんが》える人も出てきました。坂本竜馬《さかもとりょうま》がかつやくしたのは、こんなふうに、日本が大きくゆれうごいていたころのことです。

今《いま》の高知県《こうちけん》にあたる土佐藩《とさはん》で、おさむらいさんのむすことして生まれた坂本竜馬《さかもとりょうま》は、十七才《さい》のとき、けんどうのしゅぎょうのために、今《いま》の東京都《とうきょうと》にあたる、江戸《えど》でべんきょうすることになりました。ちょうどこのころ、横須賀《よこすか》に、アメリカの大きな黒《くろ》い軍《ぐん》かんが四せきもやってきたので、江戸《えど》の町は大さわぎです。あの黒《くろ》い船《ふね》はいったいどこから来《き》たのだろう？　あんなに大きな船《ふね》を、四せきももっているのは、どんなに大きな国《くに》なんだろう？　その大きな国《くに》と、日本は、せんそうになってしまうのだろうか？

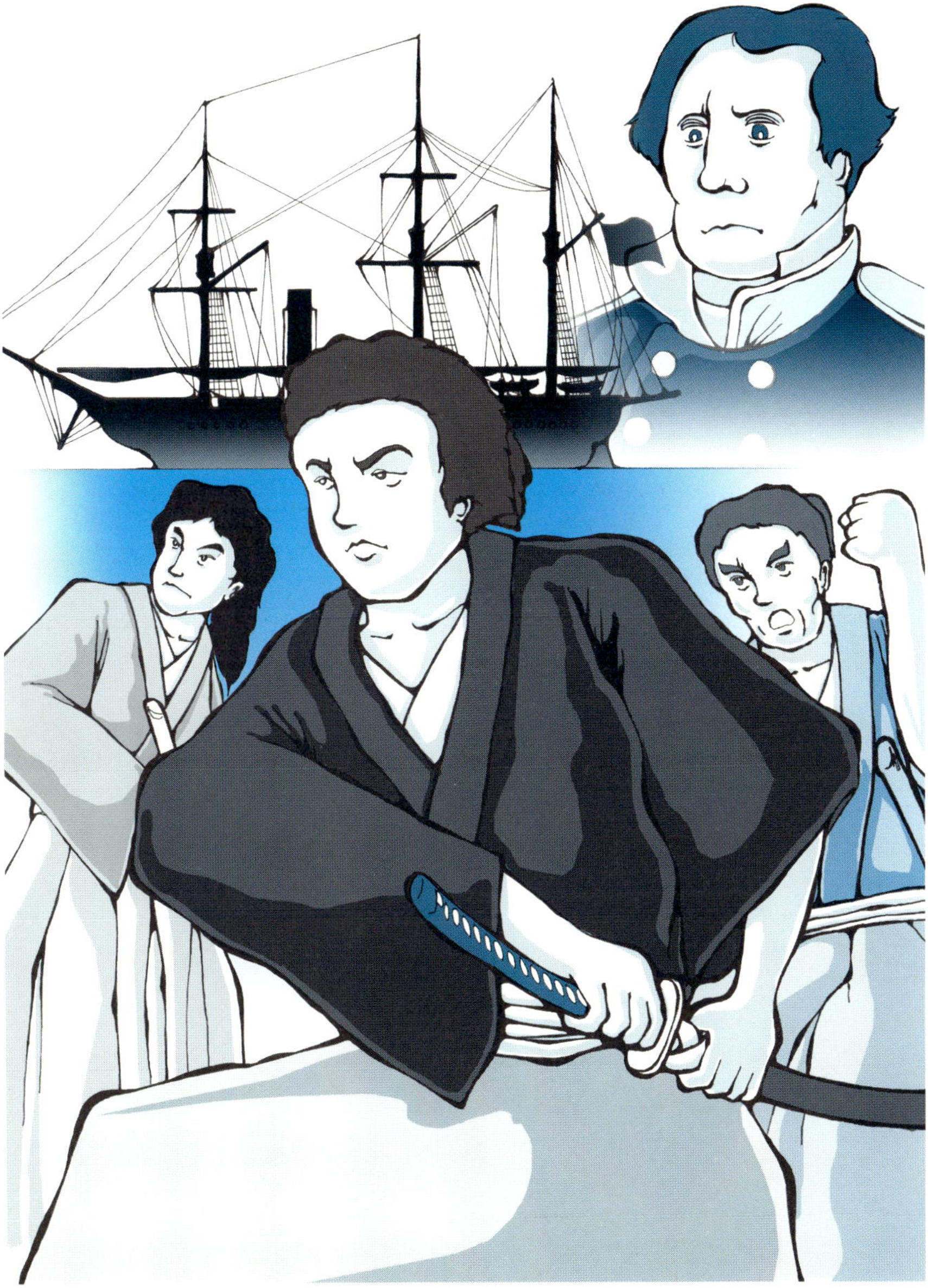

竜馬《りょうま》もさいしょは、もし、外国《がいこく》とせんそうになったら、だれよりもゆうかんにたたかって、外国人《がいこくじん》なんかやっつけてやろう！　と、思《おも》っていました。ところが、もの知《し》りな先生に話《はなし》を聞《き》きに行《い》くと、先生はこう言《い》うのです。

「外国《がいこく》と、せんそうをするよりも、なかよくしたほうが、おたがいのためになりますよ」

竜馬《りょうま》は、先生の考《かんが》えにかんしんしました。そして、これまでの考《かんが》えをあらため、外国《がいこく》となかよく、力をあわせていきたい、と考《かんが》えるようになったのです。いつか自分《じぶん》も、大きな船《ふね》にのって外国《がいこく》へ行《い》き、せかいを見てまわりたい。竜馬《りょうま》は、そんなことをゆめ見るようになりました。

江戸《えど》で二年かんべんきょうしたあと、土佐《とさ》に帰《かえ》った竜馬《りょうま》は、お父《とう》さんのあとをつぎ、おさむらいさんになりました。しかし、このころ、日本じゅうのおさむらいさんたちのあいだで、ある考《かんが》えがはやりはじめます。今《いま》まで日本のおさむらいさんたちは、徳川《とくがわ》ばくふのけらいとして、何《なん》でも言《い》うことを聞《き》いてきました。しかし、これからは、徳川《とくがわ》ばくふよりも、外国《がいこく》となかよくしたほうがよいのではないか。そう思《おも》ったおさむらいさんたちが、ひとり、またひとりと、徳川《とくがわ》ばくふのけらいをやめていったのです。

竜馬《りょうま》も、これにくわわりました。そして、日本のあちこちにいる、同《おな》じ考《かんが》えのなかまたちと、みんなで力をあわせて、日本をもっとよい国《くに》にかえていこうとけっしんしたのです。

竜馬《りょうま》は、「海援隊《かいえんたい》」というグループをつくり、なかまたちといっしょに、せいじのことや、外国《がいこく》のことばなど、さまざまなことをべんきょうしました。そして、このころ、なかのわるかった薩摩藩《さつまはん》と長州藩《ちょうしゅうはん》（今《いま》の鹿《か》児島《ごしま》・宮崎県《みやざきけん》と山口県《やまぐちけん》）をなかなおりさせます。「藩《はん》」というのは、今《いま》の県《けん》にあたるものです。この二つの藩《はん》が力をあわせれば、徳川《とくがわ》ばくふも、言《い》うことを聞《き》かないわけにはいきません。

やがて、薩摩藩《さつまはん》と長州藩《ちょうしゅうはん》が、徳川《とくがわ》ばくふとせんそうをはじめそうになると、竜馬《りょうま》は生まれこきょうの土佐《とさ》藩《はん》に行《い》き、えらい人に、こう言《い》ったのです。

「このままでは、日本がせんそうになってしまいます。徳川《とくがわ》ばくふに、日本のせいじを、天のうにおかえしするよう、土佐《とさ》藩《はん》から、よくおねがいしてください」

徳川《とくがわ》ばくふは、土佐《とさ》藩《はん》からのねがいを聞《き》きいれ、しょうぐん家《け》としてのしはいをやめて、江戸《えど》時《じ》だいをおわらせることをけっしんしました。こうして、二百六十年いじょうもつづいた江戸《えど》時《じ》だいが、ついにおわりを

つげたのです。

それから一カ月ほどたったあるばん、坂本竜馬《さかもとりょうま》は、京都《きょうと》にあるりょかんの一しつで、何《なに》ものかによって、あんさつされてしまいました。三十三才《さい》でした。

竜馬《りょうま》をころしたのがだれなのかは、今《いま》でもなぞのままです。あたらしい日本をつくろうとした人びとにとって、竜馬《りょうま》のそんざいが、じゃまになったのかもしれません。坂本竜馬《さかもとりょうま》は、いつしか、それほど大きなそんざいになっていたのでした。

英雄《えいゆう》.6

武蔵坊弁慶《むさしぼうべんけい》

「おに」とおそれられた大男は、
自分《じぶん》をけらいにしてくれた
義経《よしつね》に、いのちをささげた

むかしむかし、今《いま》から八百年ほど前《まえ》、日本のせいじのちゅうしんが、今《いま》の京都《きょうと》にあったころのお話《はなし》です。

そのころ日本は、平家《へいけ》という、おさむらいさんのいちぞくにしはいされていました。平家《へいけ》の人たちが、自《じ》分《ぶん》のしんせきばかりをだいじにしたので、人びとは、平家《へいけ》のことが、だんだんきらいになっていきました。

そしてついに、平家《へいけ》とせんそうをして、ほろぼしてしまおうと、力をあわせて立ちあがったのが、源頼朝《みなもとのよりとも》と義経《よしつね》のきょうだいでした。武蔵坊弁慶《むさしぼうべんけい》は、この「源《げん》

武蔵坊弁慶

平《へい》のたたかい」で、源義経《みなもとのよしつね》のいちばんのけらいとしてたたかった、でんせつのゆうしゃです。

生まれたときから、ふつうの赤んぼうの二ばいも大きかった弁慶《べんけい》は、「おにの子」と言《い》われ、おそれられて、生まれてすぐに、山にすてられてしまいました。しんせつなおじいさんにひろわれて、京都《きょうと》にある大きなお寺《てら》につれていかれましたが、弁慶《べんけい》が、あまりにもからだが大きく、力もちなので、みんな、弁慶《べんけい》をこわがって、近《ちか》づこうとしません。おかげで、弁慶《べんけい》は、いつもひとりぼっちでした。

十六才《さい》になるころには、弁慶《べんけい》は、二メートルをこえる大男になっていて、お寺《てら》のまわりの村人《むらびと》たちからも、おそれられるようになっていました。みんな、弁慶《べんけい》のすがたを見ると、

「おにだ！　おにが出たぞ！」

と、石をなげたり、ぼうでなぐったりするのです。

弁慶《べんけい》は、とうとう、あたまにきて、村人《むらびと》たちをあいてに、大あばれしてしまいました。そして、何百人《なん》もの

村人《むらびと》に、大ケガをさせた弁慶《べんけい》は、とうとう、お寺《てら》から、おい出されてしまったのです。

「どうせ、おれはきらわれものなんだ」

弁慶《べんけい》は、なきながら、お寺《てら》を出ていきました。そして、こう、けっしんしたのです。

「こうなったら、せかい一の、きらわれものになってやる！」

弁慶《べんけい》は、「千本ぎり」のちかいを立てました。日本じゅうを歩《ある》きまわりながら、おさむらいさんとたたかっては、つぎつぎに、刀《かたな》をとりあげていくのです。二十六才《さい》までに、あつめた刀《かたな》は、九百九十九本。あと一本で、もくひょうの、千本の刀《かたな》があつまります。

たたかうあいてをさがして、弁慶《べんけい》が、京都《きょうと》の、五じょう大はしという大きなはしをわたろうとしたときです。まるで少女《しょうじょ》のようにうつくしいかおをした、かわいらしいおさむらいさんが、ふえをふきながらやってきました。

「やい。まて。その刀《かたな》を、わたしがいただこう」

弁慶《べんけい》は、「なぎなた」という、ほそ長《なが》いさおの先に、みじかい刃《は》をくりつけたぶきをもって、少年《しょうねん》の前《まえ》に立ちふさがりました。しかし、少年《しょうねん》は、知《し》らんかおで、ふえをふきながら歩《ある》いていきます。

「まてと言《い》っているのだ！　ここをとおりたければ、その刀《かたな》をおいて行《い》け！」

弁慶《べんけい》は、大声《おおごえ》をあげながら、手にしていたなぎなたをふりまわし、少年《しょうねん》におそいかかりました。

そのときです。少年《しょうねん》は、とつぜん、ひらりととびあ

がると、弁慶《べんけい》のあたまをこえて、はしの手すりにとびのりました。弁慶《べんけい》のふりおろしたなぎなたは、はしの手すりにつきささって、おしても、引《ひ》いても、ぬけません。弁慶《べんけい》は、まっかになってくやしがりました。

そんな弁慶《べんけい》を見て、少年《しょうねん》はにっこりわらいます。

「そなた、名をなんと言《い》う？」

「武蔵坊弁慶《むさしぼうべんけい》ともうします」

こうして弁慶《べんけい》は、少年《しょうねん》のけらいになりました。弁慶《べんけい》はこのとき、まだ何《なに》も知《し》りませんでしたが、牛若丸《うしわかまる》と名のる、この少年《しょうねん》こそ、のちの源義経《みなもとのよしつね》だったのです。義経《よしつね》のけらいとなった弁慶《べんけい》は、義経《よしつね》をたすけて、だれよりもよくたたかいました。義経《よしつね》と、兄《あに》の頼朝《よりとも》が、力をあわせて平家《へいけ》とたたかったときにも、たったひとりで、何千人《なん》ものてきをたおしたのです。しかし、ふたりで平家《へいけ》をたおしたあと、頼朝《よりとも》は、こんどは弟《おとうと》の義経《よしつね》にたたかいをいどんできました。日本でいちばんえらいおさむらいになるために、義経《よしつね》がじゃまになったのです。

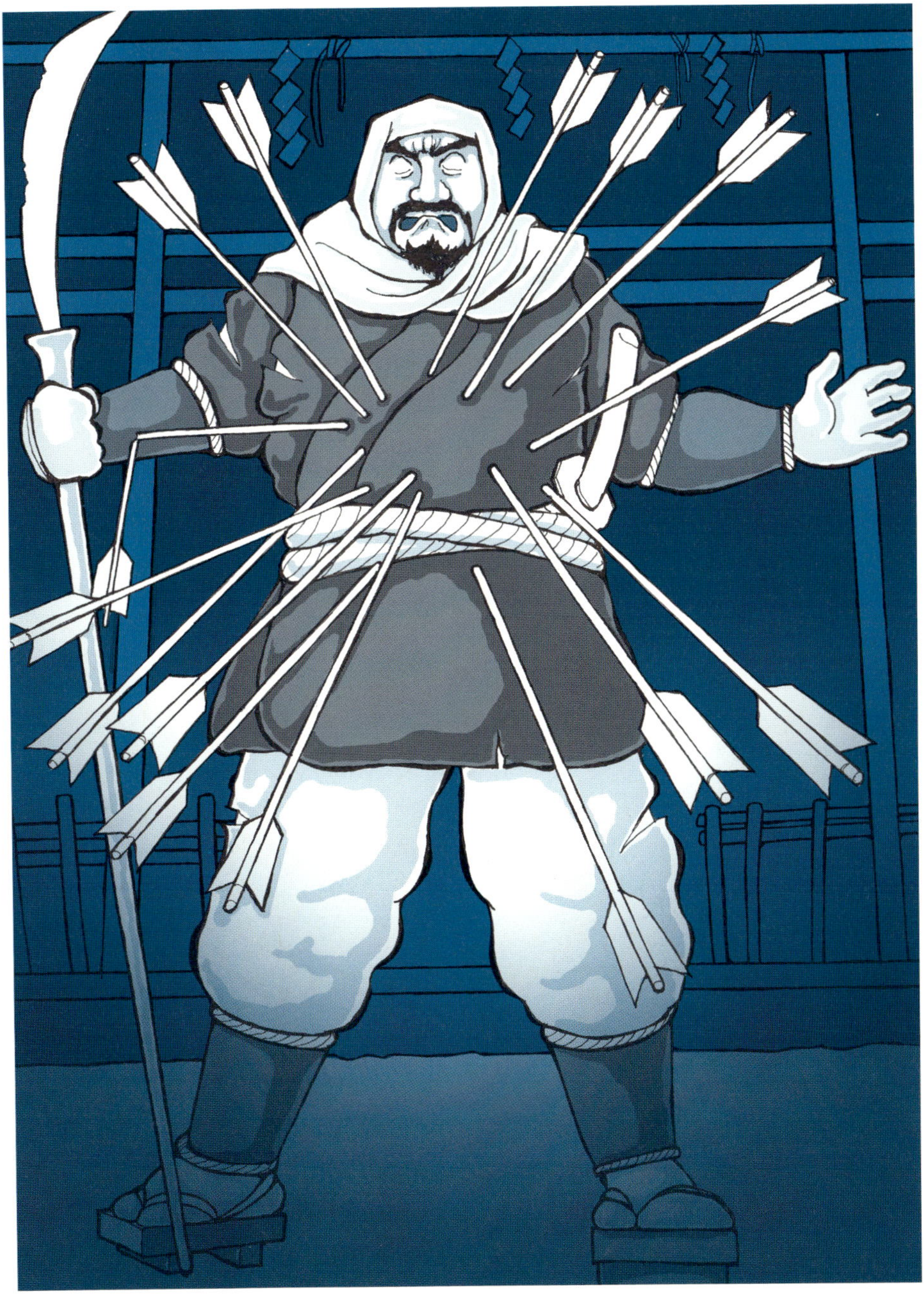

義経《よしつね》は、けらいたちや、家《か》ぞくをつれて、今《いま》の岩手《いわて》県《けん》にある平泉《ひらいずみ》というところににげました。しかし、頼朝《よりとも》の軍《ぐん》に、けらいたちをひとりずつころされていき、とうとうみかたは弁慶《べんけい》ひとりになってしまいます。それでも、弁慶《べんけい》はさいごまでゆうかんにたたかいました。そして、義経《よしつね》のにげこんだ家《いえ》の前《まえ》で、てきのゆくてに立ちはだかり、からだじゅうに、雨のように矢《や》をうけて、むねんのさいごをとげたのです。弁慶《べんけい》は、しんでもなお、義経《よしつね》をまもりつづけようとしたのでした。

英雄《えいゆう》.7

アイザック・ニュートン

木からおちるリンゴを見て、
うちゅうのしくみをはっけんした
天才《てんさい》科学《かがく》しゃ

うちゅうには、たくさんの星《ほし》があります。わたしたちがすんでいる「ちきゅう」も、そのひとつです。ちきゅうは、たいようのまわりを、まわっています。でも、どうしてちきゅうは、たいようのまわりから、はなれていってしまわないのでしょう？

今《いま》から三百六十年ほど前《まえ》、ニュートンが生まれたころには、月や星《ほし》が、なぜ、ばらばらになってしまわないで、きちんと同《おな》じばしょをまわっているのか、だれも知《し》りませんでした。月や星《ほし》は、どうしてちきゅうにおちてこないのでしょう。石をもちあげて手をはなすと、下におちていくのはなぜなのでしょう。そのりゆうは、だれにもせつめいできなかったのです。それまで、だれにもわからなかった、うちゅうのしくみ。それをあきらかにしたのが、天才科学《てんさいかがく》しゃニュートンでした。

アイザック・ニュートンは、一六四二年、イギリスのいなかにあるウールスソープという小さな村で生まれました。ニュートンは、とても小さい赤ちゃんだっ

たので、まわりの人たちから、

「この子はきっと、おとなになるまで生きられないにちがいない」

と言《い》われていたそうです。しかし、ぶじに大きくなったニュートンは、小学校をそつぎょうすると、家《いえ》のはたけしごとをてつだうことになりました。

ところが、ニュートンは、はたけしごとがきらいで、いつもしっぱいばかりしていました。それよりも、もっと学校に行《い》って、いろんなことをべんきょうしたかったのです。はたけにも本をもっていくニュートンを見て、村のえらい人たちが、お母《かあ》さんに言《い》ってくれました。

「この子は、せっかくあたまがいいのだから、もっとべんきょうをさせてやったらどうですか？」

こうして、ニュートンは、イギリスじゅうでもっともあたまのいい学生たちがあつまる、ケンブリッジ大学に入学することになりました。

そのころヨーロッパでは、ペストというおそろしいびょうきがりゅうこうしていたので、大学をそつぎょうしたニュートンは、また、ウールスソープの村に帰《かえ》ってきました。しばらくしたら、また学校にもどるつもりで、ぶらぶらしていたのです。家《いえ》にいると、お母《かあ》さんから、「はたけをてつだいなさい」としかられるので、ひとりで村を歩《ある》きまわったり、だれもいないところで、考《かんが》えごとをしたりしていました。

ところで、ニュートンの家《いえ》のはたけには、一本のリンゴの木がうわっていました。このリンゴの木が、のちに、せかいでいちばんゆうめいなリンゴの木になるのですが、そのことは、まだ、だれも知《し》りません。

ある日、ニュートンは、はたけのすみによこになって、ぼんやりと、この、リンゴの木をながめていました。リンゴの木には、赤いみが、たくさんなっています。その、赤いみのひとつが、ニュートンの目の前《まえ》で、ぽとりと地《じ》めんにおちました。

「わかったぞ！」

ニュートンはとびおきました。そして、大いそぎで

家《いえ》に帰《かえ》ると、自分《じぶん》の考《かんが》えを、ろん文にまとめて、ケンブリッジ大学におくりました。「万《ばん》ゆう引力《いんりょく》のほうそく」——すべてのものには「引力《いんりょく》」というものがあり、おたがいに、見えない糸のような力で引《ひ》っぱりあっている。ちきゅうにも、ちきゅうの上にあるリンゴにも、たいようにも、月や星《ほし》にも、みんなそれぞれ「引力《いんりょく》」があって、おたがいに、引《ひ》っぱりあっている。リンゴが地《じ》めんにおちるのは、「引力《いんりょく》」で、ちきゅうに引《ひ》っぱられているからなのです。

ものが、地《じ》めんにおちることは、大むかしから、さまざまな科学《かがく》しゃたちが、気がついていました。しかし、たいようにも、月にも、小さなリンゴにも、すべてのものに、ほかのものを引《ひ》きよせる「引力《いんりょく》」があると考《かんが》えたのは、ニュートンがはじめてでした。

ニュートンの大はっけんは、たちまち、ヨーロッパじゅうのひょうばんになりました。何《なん》百年ものあいだ、せかいじゅうの科学《かがく》しゃたちが、いっしょうけんめい考《かんが》えても、だれにもわからなかったことを、大学をそつぎょうしたばかりのニュートンが、ひとりではっけんしてしまったのです。ニュートンがはっけんした「万《ばん》ゆう引力《いんりょく》のほうそく」は、科学《かがく》のれきしの中でも、一ばんめか、二ばんめぐらいに大きなはっけんでした。

ニュートンは、このほかにも、光《ひかり》や、うちゅうや、算数《さんすう》について、今までだれも気がつかなかった、大はっけんをたくさんしています。ニュートンがいなかったら、じんるいがうちゅうへ行《い》けるまでに、もっと、ずっと時《じ》かんがかかっていたかもしれません。

英《えい》雄《ゆう》.8

ジャンヌ・ダルク

千五百人の軍《ぐん》たいをひきいて、
フランス軍《ぐん》のききをすくった、
オルレアンのおとめ

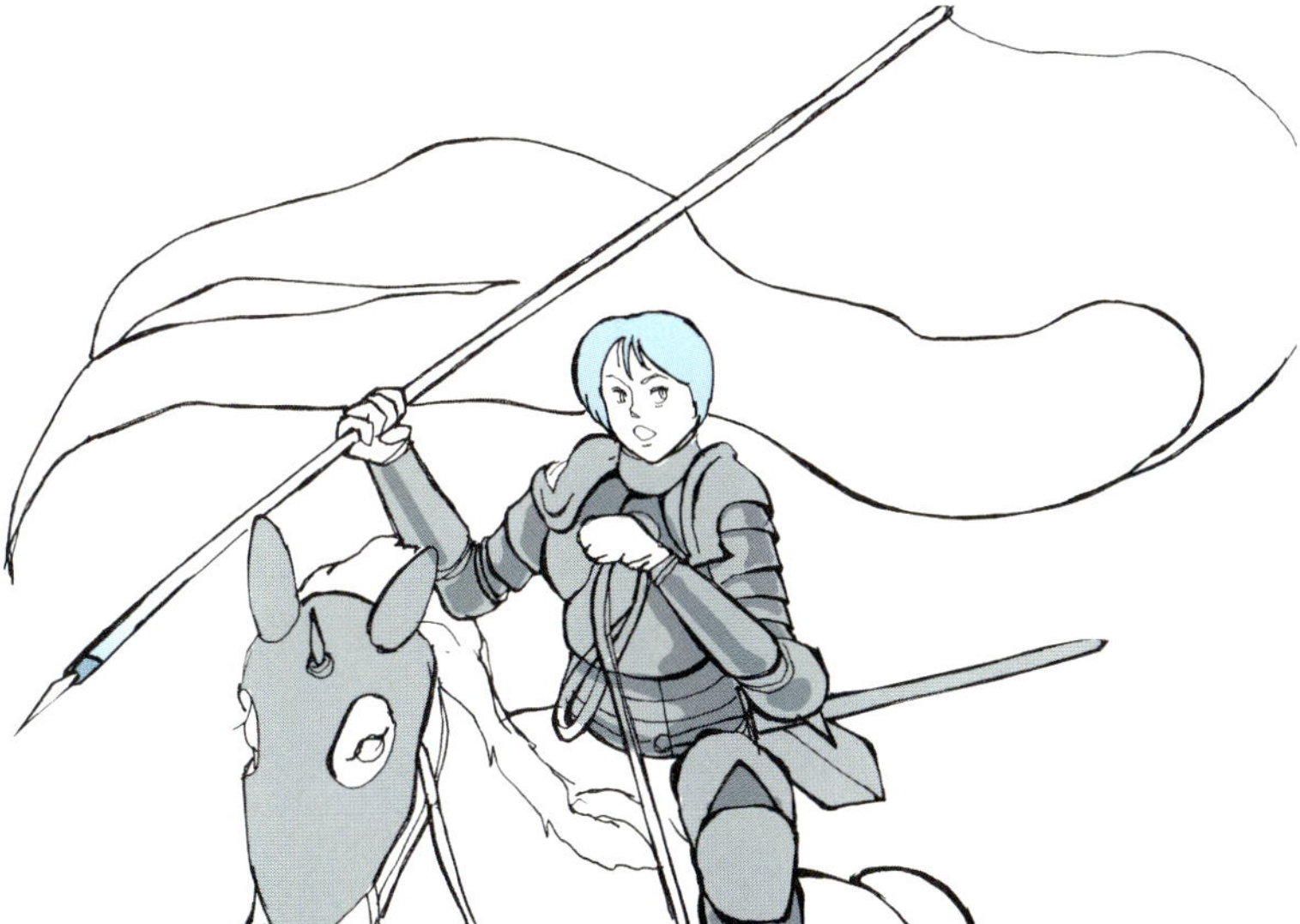

わずか十七才《さい》の、ひつじかいのむすめが、たったひとりでフランス軍《ぐん》をすくい、てきをかいめつさせる——こんなことが、じっさいにおこるとは、だれも、そうぞうしていなかったでしょう。ジャンヌ・ダルクは、フランスの、いや、ヨーロッパや、せかいじゅうのれきしの中でも、とくべつなそんざいです。ジャンヌがてきをかいめつさせたオルレアンの町では、六百年近《ちか》くたった今《いま》でも、まい年かかさず、ジャンヌをたたえるおまつりがひらかれているほどです。いったい何《なに》が、十七才《さい》の少女《しょうじょ》をせんじょうにみちびいたのでしょう。

ジャンヌ・ダルクが生まれたのは、フランスのいなかにある、ドンレミという小さな村です。子どものころのジャンヌは、同《おな》じ年ごろの、ほかの女の子たちと同《おな》じように、お母《かあ》さんをてつだって、ぬいものをしたり、ひつじのせわをする、ふつうの女の子でした。

ジャンヌが、ふしぎな声《こえ》を聞《き》くようになったのは、十三才《さい》になったばかりのころです。その声《こえ》は、フランスをまもっているミカエルというてんしの声《こえ》だったそうです。そして、ジャンヌが十四才《さい》になったとき、その声《こえ》は、ジャンヌに、はっきりと、こうつげたのです。「行《い》って、フランス国王《こくおう》をたすけなさい。オルレアンをかいほうするのです」

このころ、フランスは、イギリスとのあいだで、百年かんもつづいているせんそうのさいちゅうでした。せんそうは、イギリス軍《ぐん》にゆうりにすすんでいて、あとほんのすこしのところで、オルレアンがてきにまけ

てしまいそうです。このまま、フランスぜんぶが、イギリス軍《ぐん》にしはいされてしまうのも、時《じ》かんのもんだいと思《おも》われていました。

十七才《さい》になったジャンヌは、お父《とう》さんと、お母《かあ》さんに、「いとこの家《いえ》に行《い》く」とうそをついて、家《いえ》からいちばん近《ちか》い、フランス軍のとりでをたずねていきました。さいしょは、あいてにされませんでしたが、ジャンヌがとてもしんけんに、国王《こくおう》をたすけたいと言《い》ったので、とうとうジャンヌを、六百キロもはなれたところにいる、国王《こくおう》のところにつれていってくれました。ジャンヌの話《はなし》を聞《き》いた国王《こくおう》は、ジャンヌのためにとくべつによろいをよういして、あたらしいせんとうしれいかんとして、オルレアンにむかわせたのです。

ジャンヌがオルレアンにとうちゃくしたとき、オルレアンの町はぜっぼうにつつまれていました。町は、ぐるりとイギリス軍《ぐん》にかこまれ、もうすこしで、食《た》べるものもなくなりそうです。食《た》べものがなくなったら、イギリス軍《ぐん》にこうさんするしかありません。

オルレアンのしれいかんは、はんげきのチャンスをねらっていましたが、風《かざ》むきがわるいために、なかなかはんげきすることができません。ところが、ジャンヌ・ダルクが白い馬《うま》にのってあらわれたとたんに、風《かぜ》のむきがぎゃくほうこうにかわりました。チャンスがおとずれたのです。

「神《かみ》の名において、オルレアンをとりかえします！」

ジャンヌはさけびました。そして、千五百人のへいしたちをひきつれて、イギリス軍《ぐん》のとりでにとつげき

したのです。

なぞのしれいかんのしゅつげんに、おどろいたイギリス軍《ぐん》は、つぎつぎににげていきました。こうして七カ月もつづいたオルレアンほういもうはかいめつし、町はとりもどされたのです。

こうして、フランス軍《ぐん》のききを、みごとにすくったジャンヌ・ダルクでしたが、その一年ご、ブルゴーニュ軍《ぐん》にほういされたコンピエーニュの町で、イギリス軍《ぐん》のほりょになってしまいます。

そして、イギリス軍《ぐん》から「ま女」のうたがいをかけられたジャンヌは、それから一年ものあいだ、ろうごくにつながれて、さいばんをうけることになります。ジャンヌはさいごまで、ほこり高《たか》く、神《かみ》さまをしんじて、さいばんにのぞみました。しかし、とうとうさいごには、しけいのはんけつがくだされます。このころのヨーロッパでは、いちど、「ま女」のうたがいをかけられたものは、火あぶりのけいにされるときまっていました。のがれるほうほうは、なかったのです。

火あぶりのじゅんびがととのいました。さいごにほしいものはないか、とたずねられたジャンヌは、目に見えるところに十字かをかざってくれるようにたのみました。そして、十字かをながめながら、

「イエスさま」

と、つぶやいたのが、さいごのことばになりました。ジャンヌ・ダルクのものがたりはせかいじゅうであいされ、これまでに、なんと四十回《かい》いじょうも映画《えいが》かされています。

英雄《えいゆう》.9

エイブラハム・リンカーン

黒人《こくじん》どれいたちをかいほうし、
南北《なんぼく》せんそうをおわらせた
アメリカ大とうりょう

今《いま》から百五十年ほど前《まえ》まで、アメリカでは、アフリカから売《う》られてきた大ぜいの黒人《こくじん》たちが、どれいとしてはたらかされていました。どれいというのは、牛《うし》や、馬《うま》のように、ただではたらかされる人たちのことです。ヨーロッパから、アメリカにうつりすんできた人たちは、みんな白いはだをした白人だったので、黒人《こくじん》のことは、同《おな》じにんげんではないと思《おも》っていたのです。

黒人《こくじん》たちは、アフリカから船《ふね》にのせられ、はるばるアメリカまでやってくると、大きなのう場《じょう》や、工場《こうじょう》につれていかれ、手や足を、くさりでつながれて、朝《あさ》から晩まで、はたらかされていました。

そんなどれいたちのすがたを見て、白人たちの中にも、「こんなことは、もうやめたほうがよい」と思《おも》う人たちがふえてきました。とくに、アメリカの北《きた》のほうには、どれいにはんたいする人がたくさんいました。

ところが、南《みなみ》のほうでは、おおぜいのどれいをはたらかせて、はたけで「わた」をつくっている地《じ》ぬしさんがおおかったので、どれいがいなければ、はたらく人

がたりません。そんなわけで、南《みなみ》のほうには、どれいにさんせいの人がたくさんいました。

こうして、アメリカの北《きた》と南《みなみ》でまっぷたつにいけんがわかれ、とうとうせんそうになってしまいました。

これが「南北《なんぼく》せんそう」です。

この、南北《なんぼく》せんそうがおきたときに、アメリカの大とうりょうだったのが、エイブラハム・リンカーンという人でした。リンカーンは、自分《じぶん》も、南《みなみ》のほうにあるケンタッキー州《しゅう》で生まれましたが、黒人《こくじん》にも、白人と同《おな》じように、じゆうに生きるけんりがあると考《かんが》えていました。そして、一八六二年九月、ついに、南《みなみ》のほうの軍《ぐん》にたいして、「どれいかいほうせんげん」を出して、すべての黒人《こくじん》のどれいをかいほうするようにめいれいしたのです。アメリカのれきしをゆるがすような、このせんげんをおこなった、エイブラハム・リンカーンとはどんな人だったのでしょう。

リンカーンは、今《いま》から二百年ほど前《まえ》の一八〇九年、アメリカ南《なん》ぶのケンタッキー州《しゅう》で、まずしいおひゃくしょうさんの子どもとして生まれました。リンカーンのお父《とう》さんもお母《かあ》さんも、字を読《よ》むことも、書《か》くこともできなかったので、べんきょうばかりしているリンカーンを、なまけものだと思《おも》ってしんぱいしたそうです。お父《とう》さんは、しごとのために、何《なん》ども引《ひ》っこしをくりかえしたので、リンカーンは、ぜんぶで一年ぐらいしか学校に行《い》けませんでした。しかし、その一年かんで字の読《よ》み書《か》きをおぼえたので、自分《じぶん》でいろいろな本を読《よ》んで、ずっとひとりでべんきょうしました。

リンカーンは、二十一才《さい》で家《いえ》をはなれてからも、はたらきながらべんきょうをつづけ、二十四才《さい》で、どれいにはんたいする人のおおいイリノイ州《しゅう》のせいじ家《か》になりました。また、ほうりつをべんきょうして、べんごしにもなっています。このころからリンカーンは、どれいたちをじゆうにするには、どうしたらいいかを考《かんが》えるようになります。

リンカーンは、せいじのせかいですこしずつえらくなり、一八六〇年、五十一才《さい》のとき、ついに、アメリカがっしゅう国《こく》のだい十六代《だい》大とうりょうになります。このとき、南《みなみ》と北《きた》のたいりつは、とてもはげしくなっていました。南《みなみ》にある七つの州《しゅう》が、アメリカからはなれて、べつの国《くに》をつくろうとしていたのです。リンカーンは、いそいで北《ほく》ぶの州《しゅう》の軍《ぐん》たいをあつめ、南《なん》北《ぼく》せんそうがはじまりました。このせんそうの中で、リンカーンによって出されたのが、「どれいかいほうせんげん」です。

それには、つぎのようなことが書《か》かれていました。

●南軍《なんぐん》をはじめ、北軍《ほくぐん》にさらかうすべてのものたちは、もっているどれいをかいほうしなければならない

●かいほうされたどれいたちは、二どとどれいにもどることはない

イギリスやフランスも、リンカーンのこの考《かんが》えにさんせいだったので、北軍《ほくぐん》をおうえんしました。そして、一八六五年四月、南北《なんぼく》せんそうは、リンカーンのひきいる北軍《ほくぐん》のしょうりでおわります。

リンカーンはこの一しゅうかんご、家《か》ぞくとおしば

いを見に行《い》ったところを、南軍《なんぐん》の生きのこりだった男にそげきされ、あたまをピストルでうたれてなくなってしまいました。五十六才《さい》でした。

アメリカの黒人《こくじん》たちは、それからも長《なが》いあいだ、じゆうとびょうどうをかちとるためにたたかいつづけます。そして、二〇〇九年、アメリカがっしゅう国《こく》に、ついに黒人《こくじん》のオバマ大とうりょうがたんじょうしました。リンカーンの「どれいかいほうせんげん」から、百四十七年ごのことでした。

英《えい》雄《ゆう》.10

ビリー・ザ・キッド

アメリカじゅうであいされている
左ききの早うちめいじん、
でんせつのガンマン

アメリカがっしゅう国《こく》は、今《いま》から二百四十年ほど前《まえ》にできたばかりの、あたらしい国《くに》です。アメリカのせんじゅうみんしかすんでいなかった、広《ひろ》い、広《ひろ》い大りくに、ヨーロッパから、たくさんの人びとがやってきて、はたけをたがやしたり、道《みち》をつくったりして、何《なん》百年もかかって、大きな国《くに》ができました。この、人びとがあたらしい国《くに》をつくっていたころのことを、「かいたく時《じ》だい」とよんでいます。

このころのアメリカでは、どろぼうや、人ごろしがまいにちのようにおこっていて、お父《とう》さんは、家《か》ぞくをまもるために、夜《よる》、ねむるときには、ベッドの近《ちか》くや、まくらの下に、ピストルをおいておくのがふつうでした。国《くに》じゅうのあちこちで、ゆうめいな大どろぼうや、ようじんぼうたち、それに、わるいやつらをとりしまるほあんかんたちが、大かつやくしていたのです。こういう人たちは、みんな、ピストルをうつのがうまかったので、わるいものも、せいぎのみかたも、みんな「ガンマン」とよばれています。

ビリー・ザ・キッドも、この「かいたく時《じ》だい」にかつやくした、ゆうめいなガンマンのひとりです。ビリーは、二十一才《さい》のわかさでなくなるまでに、二十一人のあいてをころしたと言《い》われています。アメリカには、ゆうめいなガンマンがたくさんいて、みんな、しょうせつや、映画《えいが》の主人公《しゅじんこう》として、にんきがありますが、ビリー・ザ・キッドと、ほあんかんのパット・ギャレットのものがたりは、なかでも、とてもにんきのあるお話《はなし》のひとつです。

　ビリーが生まれたのは、今《いま》から百五十年いじょう前《まえ》、一八五九年のことでした。「ビリー」というのは、本名の「ウィリアム」をみじかくちぢめたよびかたで、「ザ・キッド」は「ちびっこ」といういみです。つまり、「ビリー・ザ・キッド」というあだ名は、日本ごで言《い》うと「ちびっこビリー」といういみになります。

　なぜ、そんなあだ名がついたのかというと、ビリー・ザ・キッドが、とてもこがらだったからです。かいたく時《じ》だいのガンマンたちは、しんちょうも、百八十センチをこえるような、大男ばかりでしたが、ビリーはこがらで、しんちょうは百六十センチぐらいしかなかったと言《い》われています。少年《しょうねん》のようにこがらなビリーが、見あげるような大男たちを、すこしもこわがらず、どうどうとたたかったので、人びとは、そんけいのいみをこめて、かれを「ビリー・ザ・キッド」とよんだのです。

ビリーのピストルのうで前《まえ》は天才《てんさい》てきで、かがみにうつったてきが、ポケットに手をいれるのを見て、あ

いてがピストルをとり出す前《まえ》に、うしろをむいたまま、三ぱつもうちこんだと言《い》われています。ビリーは三ぱつうったはずなのに、うたれた男のひたいには、ひとつのあなしかあいていませんでした。ビリーのうで前《まえ》は、それほどせいかくだったのです。

ビリーは、十二才《さい》のときに、お母《かあ》さんをひどい目にあわせた男をころして、さつじんはんになりました。それから家《いえ》を出て、テキサスやアリゾナなど、アメリカ南ぶを村から村へとほうろうし、馬《うま》どろぼうや、さつじんをかさねました。

やがて、十七才《さい》になったビリーは、アメリカ南《なん》ぶのリンカーン州《しゅう》（今《いま》のニューメキシコ州《しゅう》）にながれつき、リンカーンせんそうとよばれる、地《じ》ぬしと、ざっか店《てん》とのこうそうにまきこまれます。

このじけんで、ビリーの友《とも》だちでもあった、ほあんかんのパット・ギャレットは、ビリーにちゅうこくしました。

「このままでは、おれは、お前《まえ》をたいほしなければな

らない。今《いま》なら、友《とも》だちとして、見のがしてやるから、なかまをつれて、早くメキシコににげるんだ」

しかし、ビリーはパット・ギャレットのすすめに、したがおうとしません。パット・ギャレットは、しかたなく、ビリーとそのなかまたちを、たいほしました。

ところが、ビリーとそのなかまたちは、半年《はんとし》もたたないうちに、けいむしょからだつごくしてしまいます。だつごくはんとなって、かくれてくらしているビリーのいばしょをつきとめたのも、やはり、パット・ギャレットでした。

だつごくから三カ月ご、ビリーたちいちみがかくれてくらしている小やに、パット・ギャレットが、ほあんかんたちをひきつれてやってきます。ビリーは、へやから出てきたところを、ギャレットによってうちころされてしまいました。

人ごろしで、大どろぼうであるにもかかわらず、ニューメキシコにあるビリーのおはかには、今《いま》でも、ファンからの花たばがたえないそうです。

英《えい》雄《ゆう》.11

ガリレオ・ガリレイ

それでもちきゅうはまわっている。
ローマ教会《きょうかい》とたたかいつづけた、
しんねんの「科学《かがく》の父」

うちゅうのすべての星《ほし》は、ちきゅうをちゅうしんにしてまわっている――もしも今《いま》、そんなことを言《い》う人がいたら、その人は、きっと、大わらいされてしまうでしょう。今《いま》では、ちきゅうがまわっていることを、だれもが知《し》っています。でも、四百年前《まえ》のせかいでは、まったくはんたいでした。せかいじゅうの人たちが、「ちきゅうは、まわってなんかいない。まわっているのは、空や、うちゅうのほうだ」

と、本気で、しんじていたのです。

ガリレオ・ガリレイは「ちきゅうがまわっている」ということを、はじめて、しょうめいした科学《かがく》しゃです。しかし、そのことをはっぴょうしたために、ガリレオはキリスト教《きょう》のちゅうしん、ローマ教会《きょうかい》からきびしくせめられ、さいばんにかけられてしまいました。

教会《きょうかい》からどれだけせめられても、自分《じぶん》の考《かんが》えをまげなかったガリレオ・ガリレイ。「科学《かがく》の父《ちち》」と言《い》われるガリレオとは、どんな人ぶつだったのでしょうか。

ガリレオ・ガリレイは、今《いま》から四百五十年ほど前《まえ》、一五六四年に、今《いま》のイタリアのトスカーナちほうにあるピサという町で生まれました。男女あわせて七人きょうだいのいちばん上のお兄《にい》さんでした。

お父《とう》さんは、ガリレオに、おいしゃさんになってもらおうと思《おも》っていたので、町でいちばんのピサ大学に入学させました。けれどもガリレオにとって、ピサ大学のじゅぎょうは、かんたんすぎてつまらなかったので、四年ごに、大学をやめてしまいます。

大学をやめたガリレオは、自分《じぶん》ではつめいしたコンパスをつくって売《う》ったり、大学で数学《すうがく》をおしえたりしながら、うちゅうや星《ほし》について、けんきゅうをつづけました。そして、ある考《かんが》えに、たどりついたのです。それは、「まわっているのは、うちゅうではなく、ちきゅうのほうにちがいない」ということでした。

じつは、それより何《なん》十年か前《まえ》から、「もしかしたら、まわっているのはちきゅうのほうではないか？」と考《かんが》えた科学《かがく》しゃたちは、何《なん》人もいたのです。けれども、その人たちは、ほんとうにちきゅうがまわっていると

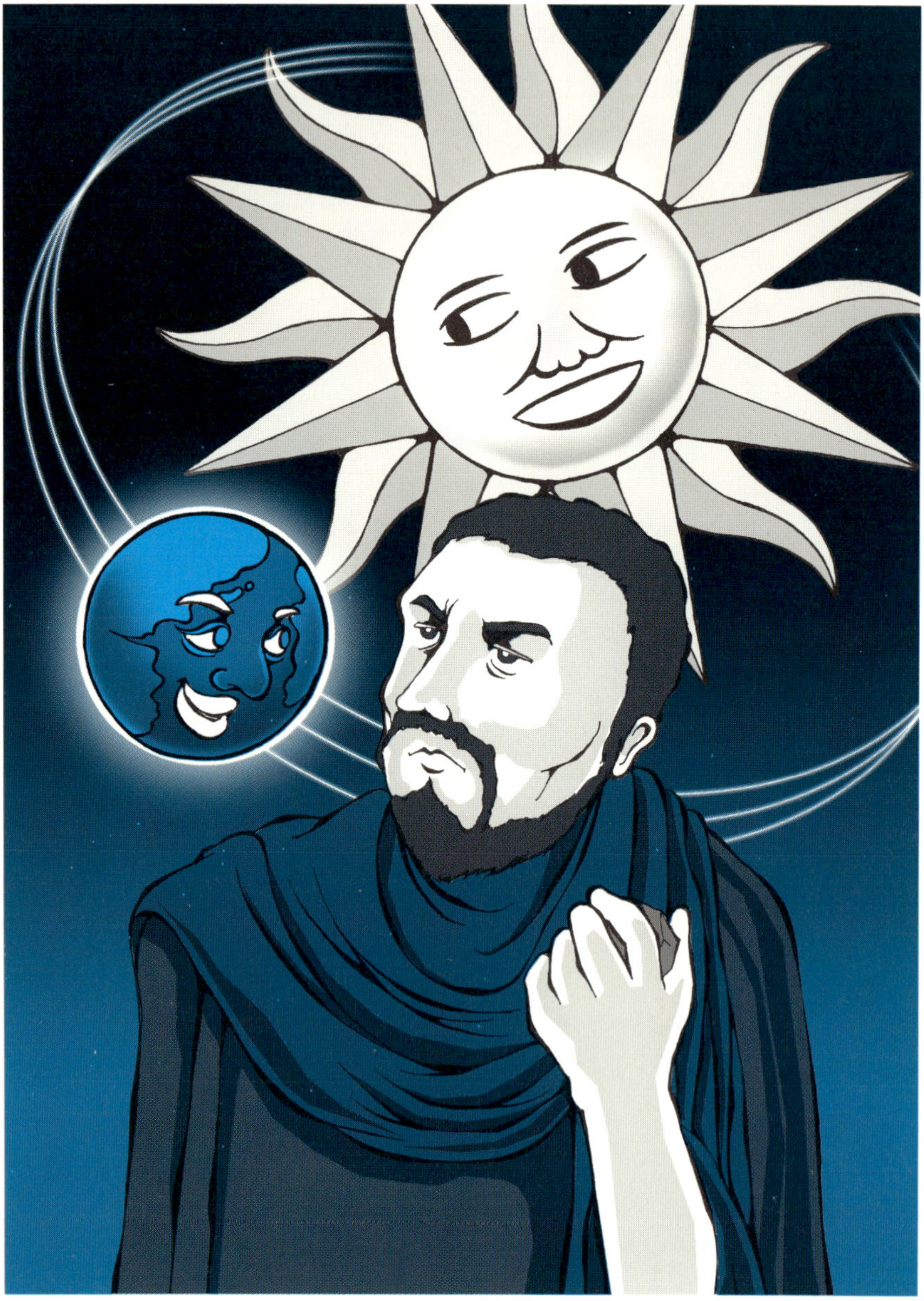

いう、しょうこを見つけることができませんでした。

しかし、ガリレオは、たくさんのしょうこを見つけました。たとえば、ちきゅうから、ま上にむかってほうりなげた石は、同《おな》じばしょにおちてくるのです。もしも、空のほうがまわっているなら、上になげた石は、空といっしょに、ずれてしまうはずです。けれども、なんどなげても、石は同《おな》じところにおちてきました。ちきゅうのほうが、まわっているからです。

ガリレオは、しだいに、「ちきゅうはまわっている」

という考《かんが》えを、人に話《はな》すようになっていきました。そして、五十二才《さい》のとき、ローマ教会《きょうかい》によび出されて、きびしく、ちゅういをうけてしまいます。キリスト教《きょう》のおしえでは、このうちゅうは、神《かみ》さまがつくったものので、そのちゅうしんは、ちきゅうなのです。ちゅうしんであるはずのちきゅうが、うごくなんて、とんでもありません。

キリスト教《きょう》をしんじる人にとって、ローマ教会《きょうかい》にさからうということは、神《かみ》さまにさからうということです。ガリレオも、キリスト教《きょう》をしんじていたので、もちろん、教会《きょうかい》にさからいたくはありません。けれども、科学《かがく》しゃとして、正しくないことを言《い》うわけにもいきません。こまったガリレオは、なんとか教会《きょうかい》に自分《じぶん》のいけんをしんじてもらおうと、さらに「ちきゅうはまわっている」ということを、さがしつづけました。そして、六十八才《さい》のとき、もういちど、「ちきゅうはまわっている」ということを本に書《か》き、またしても、ローマ教会《きょうかい》からよび出されてしまったのです。

さいばんのけっか、ガリレオがうけたはんけつは、一生、ろうやから出られないというものでした。はんけつを聞《き》いたガリレオは、小さな声《こえ》で、

「それでもちきゅうはまわっている」

と、つぶやいたと言《い》われています。

さいばんのあと、ガリレオは、とくべつに自分《じぶん》の家《いえ》に帰《かえ》ることをゆるされ、そこで、七十七才《さい》でなくなるまで、家《いえ》から一ぽも外《そと》に出ないでくらしました。いちばんさいごの何《なん》年かは、目も見えなくなってしまい、

つらいまいにちがつづきましたが、それでもさいごまで、科学《かがく》へのじょうねつだけは、おとろえることがなく、七十四才《さい》のときには、ふりこ時計《どけい》もはつめいしています。

今《いま》ではせかいじゅうの人びとが、ガリレオが正しかったことを知《し》っています。ローマ教会《きょうかい》も、一九九二年、ガリレオが正しかったことをみとめ、せいしきに、ガリレオに、おわびしました。ガリレオがなくなってから、三百五十年がたっていました。

英《えい》雄《ゆう》.12

聖《しょう》徳《とく》太《たい》子《し》

十七じょうのけんぽうをつくり
中国《ちゅうごく》に手がみをおくった、
古《こ》だい日本の天才《てんさい》せいじ家《か》

今《いま》から千五百年ほど前《まえ》、日本は今《いま》よりも、ずっと小さな国《くに》でした。人びとは、日本の西《にし》のほうで、田んぼをきりひらいてお米《こめ》をつくったり、はたけをたがやしたりして、くらしていました。

ひとつの家《か》ぞくでがんばっているより、近《ちか》くにすんでいる人どうし、力をあわせたほうが、たくさんのお米《こめ》がとれます。そこで、近《ちか》くにすんでいる家《か》ぞくと家《か》ぞくがあつまって、小さな村ができました。村がだんだん大きくなってくると、村と村とがなかよくなったり、ぎゃくに、けんかになったりします。こうして、村と村がくっついて、もっと大きな村になったり、ほかの村とたたかって、ほろぼしたりするうちに、だんだん、村が大きくなっていって、日本は、「やまとの国《くに》」とよばれる小さな国《くに》になったのです。

やまとの国《くに》の広《ひろ》さは、今《いま》の日本の半分《はんぶん》ぐらい。人口《じんこう》は、五百万人《まん》ぐらい。この小さな国《くに》を、「天のう」とよばれる王さまが、おさめていました。天のうは、家《か》ぞくやけらいたちといっしょに、今《いま》の奈良県《ならけん》にある、飛鳥《あすか》というところにすんでいたので、この時《じ》だいを「飛鳥時《あすかじ》だい」とよんでいます。

さて、このころ、天のうのしんせきのひとりに、うまやどのおうじという、とてもかしこい男の子がいました。子どものころから、あたまがよく、十人の人の話《はなし》を同時《どうじ》に聞《き》くことができたと言《い》われています。この、かしこい男の子が、のちの、聖徳太子《しょうとくたいし》でした。

聖徳太子《しょうとくたいし》がいたころの、飛鳥《あすか》には、天のう家《け》のほかに、蘇我氏《そがし》と、物部氏《もののべし》という、お金もちで、力のある、

二つの家《か》ぞくがすんでいました。この二つの家《か》ぞくは、どちらも、いつか天のう家《け》をのっとろうと、たくらんでいました。また、中国《ちゅうごく》からつたわってきたばかりの「仏教《ぶっきょう》」というしゅうきょうを、しんじるか、しんじないかで、はげしくあらそっていたのです。

聖徳太子《しょうとくたいし》が十二才《さい》のとき、お父《とう》さんの用明《ようめい》天のうがなくなって、天のうの弟《おとうと》が、あたらしい天のうになりました。あたらしい天のうが、五年ごになくなると、こんどは、天のうの姉《あね》が、あとをつぐことになりました。日本ではじめての女の天のう、推古《すいこ》天のうです。十七才《さい》になった聖徳太子《しょうとくたいし》は、この、推古《すいこ》天のうのおてつだいをする「せっしょう」というやくわりをつとめることになりました。今《いま》で言《い》う、そうり大じんのようなしごとです。

かしこく、もの知《し》りな聖徳太子《しょうとくたいし》は、推古《すいこ》天のうにかわって、いろいろなことをきめました。これからは、「仏教《ぶっきょう》」をだいじにしていこうと考《かんが》え、そのおしえをもとに、十七じょうからなるけんぽうをつくりました。

けんぽうというのは、国《くに》がひとつになって、まとまっていくために、みんなでまもっていく、いちばん大切《たいせつ》なきまりのことです。

聖徳太子《しょうとくたいし》のつくった、「十七じょうのけんぽう」は、たとえば、こんなないようでした。

①よくたすけあって、あらそわないこと
②仏教《ぶっきょう》のおしえをまもり、おぼうさんを大切《たいせつ》にすること
③天のうのめいれいには、かならずしたがうこと
……

⑰大切《たいせつ》なことをきめるときには、ひとりでかってにきめないで、みんなとよくそうだんすること

この、「十七じょうのけんぽう」は、日本で、いちばん古《ふる》いけんぽうだと言《い》われています。

また、聖徳太子《しょうとくたいし》は、つかいを中国《ちゅうごく》におくって、自分《じぶん》たち、やまとの国《くに》と、なかよくしましょうとよびかけました。今《いま》のように、電話《でんわ》や、メールはありませんから、聖徳太子《しょうとくたいし》が書《か》いた手がみを、つかいのものが、何年《なん》もかけて、船《ふね》でとどけに行《い》かなければなりません。

このとき、聖徳太子《しょうとくたいし》が書《か》いた手がみは、つぎのような文ではじまっていました。

「日ののぼる国《くに》の王より、日のしずむ国《くに》の王へ……」

このころの中国《ちゅうごく》は、やまとの国《くに》より、ずっと古《ふる》くからさかえていて、たくさんのぎじゅつや、ものをもっている、せかい一大きな国《くに》でした。そして、中国《ちゅうごく》から見れば、やまとの国《くに》は、東《ひがし》のはずれの、とんでもないいなかにある、ちっぽけな国《くに》でした。そのちっぽけな国《くに》が、自分《じぶん》たちを「日ののぼる国《くに》」と名のるなんて、

なんとえらそうに見えたことでしょう。しかし、聖徳《しょうとく》太子《たいし》の手がみを読《よ》んだ中国《ちゅうごく》は、やまとの国《くに》に、なかよくしましょう、というへんじをおくってくれたのです。

今《いま》も奈良県《ならけん》にある法隆寺《ほうりゅうじ》は、聖徳太子《しょうとくたいし》がたてたお寺《てら》です。夢殿《ゆめどの》や、五重塔《ごじゅうのとう》など、聖徳太子《しょうとくたいし》がのこしたものが、大切《たいせつ》に、ほぞんされています。しかし、これほどかしこかった聖徳太子《しょうとくたいし》が、なぜ、天のうにならなかったのでしょう？　そのりゆうは、日本のれきしで、さいだいのなぞのひとつと言《い》われています。

英雄《えいゆう》.13

真田《さなだ》信繁《のぶしげ》（幸村《ゆきむら》）

赤いよろいかぶとに十字のやり。
てきの軍《ぐん》たいから「火の玉」と
おそれられたせん国《ごく》のゆうしゃ

今《いま》から五百年ほど前《まえ》、日本は、たくさんの小さな国《くに》にわかれて、国《くに》と国《くに》とが、なわばりをうばいあってあらそっていました。大きな力をもった「せん国大名《ごくだいみょう》」とよばれるリーダーたちが、てきをほろぼしたり、ほろぼされたりしていたのです。

まずさいしょに、天下とう一《いっ》に近《ちか》づいたのが、織田《おだ》信長《のぶなが》です。信長《のぶなが》がたおれたあと、天下をとう一《いっ》したのが信長《のぶなが》のけらいだった豊臣秀吉《とよとみひでよし》。そして、秀吉《ひでよし》がなくなったあと、信長《のぶなが》のしん友《ゆう》だった徳川家康《とくがわいえやす》が、秀吉《ひでよし》の子、秀頼《ひでより》をたおしに行《い》きます。

この、げきどうの五十年あまりを、ちえと、ゆうきでたたかいぬいた、小さなおさむらいさんのおや子がいました。真田昌幸《さなだまさゆき》と、そのむすこ、真田信繁《さなだのぶしげ》です。

まっかなよろいかぶとに、十字のやり。真田《さなだ》十ゆうしとよばれる十人のにんじゃたちをしたがえた、せん国《ごく》のヒーロー、真田信繁《さなだのぶしげ》。またの名を、真田幸村《さなだゆきむら》という、このおさむらいさんは、家康《いえやす》や、秀吉《ひでよし》のように、天下をとう一《いつ》したことはありませんが、映画《えいが》や、マンガの主人公《しゅじんこう》として、今《いま》でもにんきがあります。真田信繁《さなだのぶしげ》とは、いったいどんな人ぶつだったのでしょう。

信繁《のぶしげ》が生まれたのは、今《いま》から四百五十年ほど前《まえ》の、一五六七年。お兄《にい》さんの信之《のぶゆき》とは一才《さい》ちがいでした。

父《ちち》、真田昌幸《さなだまさゆき》は、もともとは武田信玄《たけだしんげん》のけらいでしたが、武田氏《たけだし》が信長《のぶなが》にほろぼされてしまったので、こんどは信長《のぶなが》のけらいになりました。そして、信長《のぶなが》がころされたあと、そのあとをついだ、豊臣秀吉《とよとみひでよし》につかえるようになります。

お兄《にい》さんの信之《のぶゆき》は、まだ小さい子どものころに、「真田家《さなだけ》は、徳川家《とくがわけ》をうらぎりません」というやくそくのしるしとして、徳川家康《とくがわいえやす》の家《いえ》にあずけられました。しかし、徳川家《とくがわけ》と、豊臣家《とよとみけ》は、だんだんなかがわるくなってしまったので、一六〇〇年の「関《せき》が原《はら》のたたかい」では、真田家《さなだけ》は、お父《とう》さんの昌幸《まさゆき》と、弟《おとうと》の信繁《のぶしげ》が豊臣《とよとみ》の「西軍《せいぐん》」、お兄《にい》さんの信之《のぶゆき》だけが徳川《とくがわ》の「東軍《とうぐん》」と、てきとみかたにわかれてたたかうことになります。

じつは、このとき真田家《さなだけ》がてきとみかたにわかれた

のは、どちらがかっても、真田家《さなだけ》が生きのこれるという、父《ちち》・昌幸《まさゆき》のちえだったとも言《い》われています。

「関《せき》が原《はら》のたたかい」で、昌幸《まさゆき》・信繁《のぶしげ》おや子は、すくない人数《にんずう》にもかかわらず、「東軍《とうぐん》」の徳川秀忠軍《とくがわひでただぐん》をさんざんてこずらせ、とうとうおいかえしてしまいました。しかし、たたかいぜんたいとしては、徳川家康《とくがわいえやす》をちゅうしんとする「東軍《とうぐん》」がかったので、「西軍《せいぐん》」だった昌幸《まさゆき》・信繁《のぶしげ》おや子は、徳川家《とくがわけ》から、しんでおわびをするようにめいれいされてしまいます。

このとき、「東軍《とうぐん》」にくわわっていたお兄《にい》さんの信《のぶ》之《ゆき》が、徳川家康《とくがわいえやす》にひっしでおねがいしてくれたおかげで、昌幸《まさゆき》・信繁《のぶしげ》おや子は、紀州国《きしゅうのくに》（今《いま》の和歌山県《わかやまけん》）のいなかで、おとなしくしていることになりました。

紀州国《きしゅうのくに》でお父《とう》さんの昌幸《まさゆき》はなくなりましたが、信《のぶ》繁《しげ》は十四年かん、じっと、ふっかつのときをまっていました。そして一六一四年、ついに、もういちどせんそうでかつやくするチャンスがやってきます。信長《のぶなが》のあとをついだ豊臣秀吉《とよとみひでよし》の子、秀頼《ひでより》が、信繁《のぶしげ》にたすけをもとめてきたのです。

徳川家康《とくがわいえやす》は、秀吉《ひでよし》のあとをついだ秀頼《ひでより》をせめほろぼして、自分《じぶん》が天下をとう一《いっ》しようと考《かんが》えたのでした。

信繁《のぶしげ》は、ふたたび、赤いよろいかぶとにみをつつみ、まだ十三才《さい》だったむすこの幸昌《ゆきまさ》をつれて、秀頼《ひでより》とともに、大坂城《おおさかじょう》にたてこもります。このとき、大坂城《おおさかじょう》の弱点《じゃくてん》と言《い》われた三の丸南《まるみなみ》がわに、信繁《のぶしげ》がきずいたのが、「真田丸《さなだまる》」とよばれる、半円形《はんえんけい》のとりでででした。信繁《のぶしげ》は、この「真田丸《さなだまる》」にてきの目をひきつけ、おびきよせると、鉄《てっ》ぽうたいでじゅうげきし、てきをつぎつぎにやっつけます。

つづいて「大坂《おおさか》・夏《なつ》のじん」では、信繁《のぶしげ》はわずか三千人のへいたいたちとともに、火の玉せんじゅつで、一万《まん》三千人の徳川《とくがわ》のじんちにのりこみ、家康《いえやす》を、ころすすんぜんまでおいつめました。このとき、信繁《のぶしげ》は、おしよせてくる徳川《とくがわ》のへいたいたちを見ながら、

「関東《かんとう》のやつらは百万《まん》人もいても、男子はひとりもいないようだ」

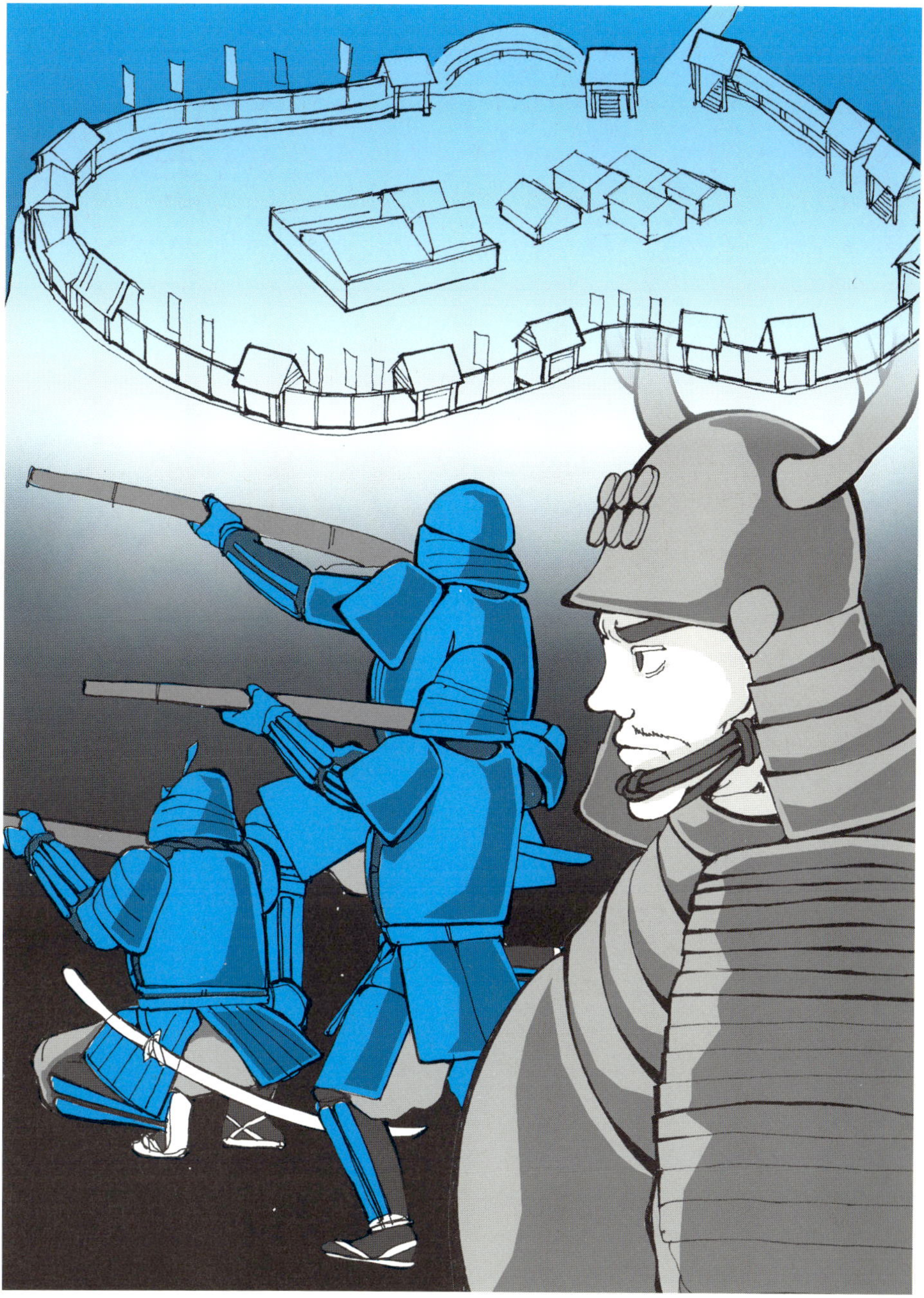

と言《い》って、大声《おおごえ》でわらっていたと言《い》われています。

信繁《のぶしげ》は、三どめのとつにゅうのあと、ケガをして神《じん》社《じゃ》のけいだいで休んでいたところを、てきの鉄《てっ》ぽうたいにはっけんされ、むねんのさいごをとげました。四十九才《さい》でした。

むすこの幸昌《ゆきまさ》は、父《ちち》・信繁《のぶしげ》にかわって、大坂城《おおさかじょう》で秀《ひで》頼《より》といっしょになくなりました。しかし、このおや子が、じつは生きのびていた、というでんせつが、日本じゅうのあちこちにのこっています。

英雄《えいゆう》.14

二宮尊徳《にのみやそんとく》（金次郎《きんじろう》）

よの中のためにどりょくすれば、
自分《じぶん》のみにもかえってくる。
そうおしえつづけた江戸《えど》の学しゃ

せなかにたくさんの「たきぎ」をせおって歩《ある》きながら、いっしょうけんめい本を読《よ》んでいる男の子――学校の校門《こうもん》で見かけたことはありませんか？　これは、二宮尊徳《にのみやそんとく》、またの名を二宮金次郎《にのみやきんじろう》という、むかしの、えらい先生の子ども時《じ》だいのすがたをかたどったものです。「たきぎ」というのは、おふろをわかしたり、ごはんをたいたりするために、火をもやすための木のことです。むかしは、こんなふうにして、小さな子どもでも、お家《うち》のてつだいをしなければ、せいかつできませんでした。

このころには、道《みち》を歩《ある》いているのは、にんげんか、牛《うし》や馬《うま》だけだったので、こんなふうに、にもつをはこびながらでも、べんきょうすることができたのです。

今《いま》、こんなことをしていたら、たちまち車や、じてんしゃにはねられてしまいますから、みなさんは、ぜったいにまねをしてはいけません。それに、今《いま》はだれでも小学校や中学校に行《い》ってべんきょうすることができますが、金次郎《きんじろう》の生きていたころには、びんぼうな家《いえ》

の子どもが、べんきょうするのはとてもむずかしいことだったのです。だから金次郎《きんじろう》も、こうして家《いえ》のしごとをてつだいながら、べんきょうしなければなりませんでした。

二宮金次郎《にのみやきんじろう》は、今《いま》から二百三十年ほど前《まえ》の一七八七年、今《いま》の小田原市《おだわらし》あたりにある小さな村で、まずしいおひゃくしょうさんのむすことして生まれました。

もともとまずしいお家《うち》でしたが、金次郎《きんじろう》が五才《さい》のころ、大こうずいのために、家《いえ》もはたけも、何《なに》もかもながされてしまったので、金次郎《きんじろう》の家《いえ》はますますびんぼうになってしまいました。さらに、金次郎《きんじろう》が十四才《さい》のときには、お父《とう》さんが、びょうきでなくなってしまいます。金次郎《きんじろう》は、はたけしごとや、わらじという、ワラでできたはきものをつくるしごとをして、ひっしに家《か》ぞくのせいかつをささえました。

やがて、金次郎《きんじろう》が十六才《さい》のときには、お母《かあ》さんも、びょうきでなくなってしまいます。金次郎《きんじろう》は小さな弟《おとうと》たちをしんせきにあずけ、自分《じぶん》はおじいさんの家《いえ》にすむことになりました。しかし、なんということでしょう。この年に、またしても大こうずいがおこり、お父《とう》さんがのこしてくれた家《いえ》やはたけが、何《なに》もかもながされてしまったのです。

しかし、金次郎《きんじろう》はへこたれません。二十才《さい》になった金次郎《きんじろう》は、朝《あさ》早くから夜《よる》おそくまではたらいて、わずか一年のうちに、お父《とう》さんののこした家《いえ》やはたけを、もとどおりにすることができました。

ざんねんながら、弟《おとうと》のひとりはこのころになくなってしまいましたが、金次郎《きんじろう》は、しんちょう百八十センチ、たいじゅうは九十六キロもある大男にせいちょうしていいました。そして、この、じょうぶなからだを生かして、金次郎《きんじろう》はおさむらいさんのめしつかいとしてもよくはたらき、しんせきの家《いえ》や、おじいさんの家《いえ》が、お金にこまっていることを知《し》ると、すぐにてつだいに行《い》って、かりたお金をかえすために、何《なに》を売《う》ったらいいか、どうしたらいいのかをおしえてあげたのです。

金次郎《きんじろう》が、お金をかえすほうほうをよく知《し》っている、と、きんじょの人びととのあいだでひょうばんになったので、こんどはきんじょの人が、金次郎《きんじろう》にちえをかりにやってきました。金次郎《きんじろう》は、きんじょの人にも、しんせつに、かりたお金をかえすためにどうするのがいちばんよいかを考《かんが》えてあげたのです。それればかりでなく、おれいのお金も、まったくうけとろうとしなかったので、金次郎《きんじろう》のひょうばんは、ますます上がっていくばかりでした。

こうして、三十四才《さい》になるころには、金次郎《きんじろう》の名前《なまえ》は、このあたりでは知《し》らないものはないぐらい、ゆうめいになっていました。そして、おとのさまからそうだんをうけて、こまったことをかいけつしたり、おおぜいの人のいのちをすくったりしたのです。

さらに五十五才《さい》のころには、江戸《えど》の町でもゆうめいになって、江戸《えど》の徳川《とくがわ》しょうぐんによび出され、国《くに》ぜんたいのこまったことまで、そうだんされるようになりました。こうして、小田原《おだわら》のまずしいおひゃくしょうさんのむすこに生まれた二宮金次郎《にのみやきんじろう》は、六十九才《さい》で

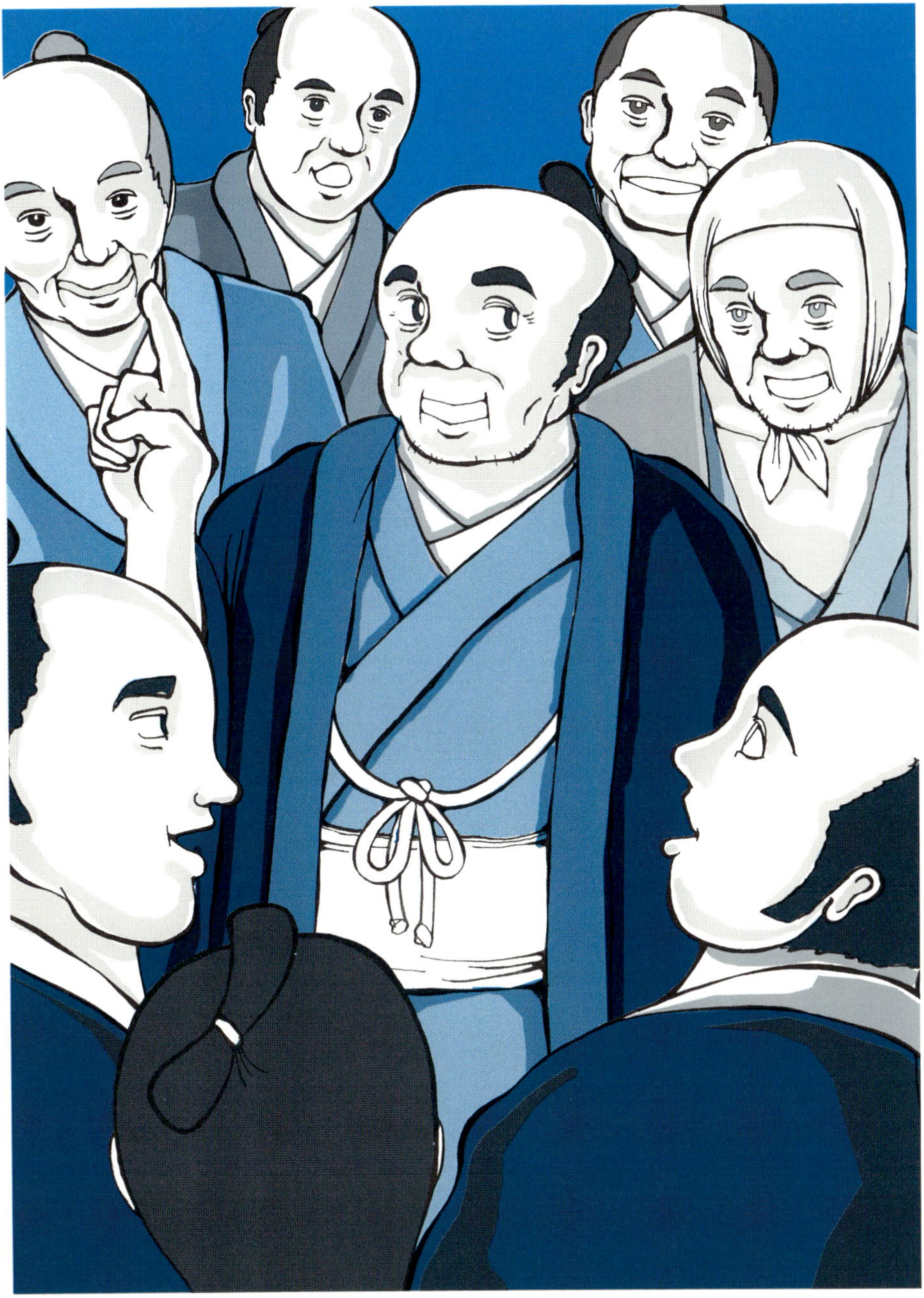

なくなってからも、人びとにそんけいされ、日本じゅうにどうぞうがたてられるようになったのです。

二宮金次郎《にのみやきんじろう》が人びとに広《ひろ》めようとした考《かんが》えかたの、もっとも大切《たいせつ》なところは、「自分《じぶん》のためばかりでなく、みんなのため、よの中のためにいっしょうけんめいよいことをしていれば、よの中ぜんたいがよくなって、いつかは自分《じぶん》のところにも、よいことがかえってくる」というものです。二宮金次郎《にのみやきんじろう》は、その人生をつうじて、人びとに、よいお手本を見せてくれたのでした。

英《えい》雄《ゆう》.15

ヘレン・ケラー

しょうがいをのりこえて、
せかいじゅうのしょうがいしゃの
ためにつくした、どりょくの人

ある日とつぜん、光《ひかり》も音《おと》もないせかいでくらすことになってしまったら、みなさんならどうしますか？

ヘレン・ケラーは、一八八〇年、アメリカの、アラバマ州《しゅう》で生まれました。一才《さい》でことばを話《はな》すほど、かしこい赤ちゃんでしたが、二才《さい》になろうとするころ、おもいびょうきのせいで、目も見えず、耳も聞《き》こえず、話《はな》すこともできなくなってしまったのです。

お父《とう》さんとお母《かあ》さんは、そんなヘレンをかわいそうに思《おも》って、あまやかしたので、妹《いもうと》のミルドレッドが生まれるころには、ヘレンはとてもわがままな子になってしまっていました。そして、お母さんをひとりじめしている赤ちゃんの妹にはらを立て、もちあげてゆかになげすてようとしたのです。

このままでは、ヘレンは妹《いもうと》に大ケガをさせてしまうかもしれない……。お父《とう》さんとお母《かあ》さんは、ヘレンのために、家《か》てい教《きょう》しの先生に来《き》てもらうことにしました。ボストンにある、耳の聞《き》こえない子どもたちのための学校から、しょうかいされてやってきたのが、アン・サリバン先生です。自分《じぶん》じしんも、目のびょうきとたたかってきたサリバン先生なら、きっと、ヘレンのよい先生になってくれると思《おも》われたのです。

しかし、ヘレンの家《いえ》にとうちゃくしたサリバン先生が見たものは、まるで、けだもののような七才《さい》の女の子でした。食《しょく》じの時《じ》かんがくると、ヘレンは、テーブルのまわりを歩《ある》きまわって、人のおさらにかってに手をつっこんでは、食《た》べたいものを手づかみで食《た》べています。そして、すこしでも気にいらないことがあると、

ゆかの上にひっくりかえって、手足をバタバタさせてさけぶのです。そんなヘレンを、お父《とう》さんやお母《かあ》さんは、しかるどころか、かわいそうに、かわいそうにと、何《なん》でもすきなようにさせているのでした。

この日から、サリバン先生のとっくんがはじまりました。まずは、食《しょく》じのマナーからです。けだものではないのですから、きちんといすにすわって、おさらの上から、フォークで食《た》べなければいけません。ヘレンは、いやがって、ていこうしますが、サリバン先生はゆるしません。きちんとできるようになるまで、おなかがすいても、ごはんは、おあずけです。

サリバン先生は、ケラー家《け》のべっそうで、ヘレンとふたりきりでせいかつしながら、引《ひ》っかいたり、かみついたりしてあばれるヘレンに、ひっしでおぎょうぎをおしえました。サリバン先生のきびしさに、ヘレンはすこしずつ、にんげんらしくなっていきます。

そこで、サリバン先生は、ゆび文字《もじ》という、耳の聞《き》こえない人がつかう文字《もじ》を、ヘレンにおしえはじめました。手のひらで文字《もじ》をかたちづくることで、ことばをつたえあうのです。コップや、おさらなど、みのまわりのものをさわっては、ゆび文字《もじ》で名前《なまえ》をおしえると、ヘレンはすぐに、まねしてみせました。でも、いくらことばをおしえても、ヘレンにとっては、ただのあそびで、いみがわかっているわけではないのです。どうやったら、ヘレンに、ことばをおしえることができるのでしょう。サリバン先生は、なやみました。

そんなある日。サリバン先生は、ヘレンの手に、い

戸《ど》からくみあげた水をながしながら、「WATER《ウォーター（水）》」とゆび文字《もじ》で書《か》きました。そのとき、ヘレンは気がいたのです。この、手の上をながれているつめたいもの。先生が書《か》いているのは、これの名前《なまえ》だったのです！

「ウォーター……！　ウォーター……！」

けだもののような子どもだったヘレンは、このときから、ことばのいみをりかいするようになりました。そして十三年ご、二十才《さい》のときに、ヘレンは、アメリカでもっとも入学のむずかしい大学のひとつ、ハーバード大学に入学し、サリバン先生にたすけられながら、ついにこの大学をそつぎょうしたのです。

ヘレン・ケラーは、八十七才《さい》でなくなるまで、目や、耳や、からだのふじゆうな子どもたちが、もっとべんきょうできるように、せかいじゅうをまわって、人びとにうったえました。ヘレンのよびかけを聞《き》いた人びとから、「からだのふじゆうな人たちを、みんなでたすけていこう」という、たすけあいの気もちが、せかいじゅうに、広《ひろ》がっていったのです。

参考文献

織田信長 中世最後の覇者（中公新書）脇田 修
織田信長読本（新人物往来社）
宮本武蔵とは何者だったのか（新潮選書）久保 三千雄
エジソンと発明 努力とひらめきで失敗を成功につなげた偉人（ジュニアサイエンス、丸善出版）
ベートーヴェン 生涯篇（音楽之友社）属 啓成
坂本龍馬（岩波新書 新赤版）松浦 玲
弁慶 物語と史蹟をたずねて（成美堂出版）水野 泰治
弁慶の謎（大和書房）菊村 紀彦
ニュートン 宇宙の法則を見つけた男（天才！？科学者シリーズ）（岩崎書店）ルカ・ノヴェッリ文・絵；関口英子訳
奇跡の少女ジャンヌ・ダルク（「知の再発見」双書、創元社）レジーヌ・ペルヌー
ジャンヌ・ダルク超異端の聖女（講談社現代新書）竹下 節子
リンカン 神になった男の功罪（彩流社）土田 宏
ビリー・ザ・キッド全仕事（文学の冒険、国書刊行会）マイケル・オンダーチェ
ガリレオ 伝説を排した実像（文庫クセジュ、白水社）ジョルジュ・ミノワ
ガリレオ 庇護者たちの網のなかで（中公新書）田中 一郎
聖徳太子（岩波新書）吉村 武彦
軍師 真田幸村（新人物往来社）近藤 精一郎
智謀 真田幸村（原書房）雪花 山人

せかいのすごい「英雄」15人のわくわくストーリー
ぼうけん・けっとう・ふしぎ

2016年4月29日 第1刷発行

著者 宝島英雄研究会

発 行 人 蓮見清一
発 行 所 株式会社 宝島社
〒102-8388
東京都千代田区一番町25番地
営業：03-3234-4621
編集：03-3239-0928
http://tkj.jp
振替 00170-1-170829 ㈱宝島社
印刷・製本 サンケイ総合印刷株式会社

ISBN 978-4-8002-5474-0